民國歷史與文化研究

十四編

第7冊

圖史鉤沉
——鮑曼泡泡糖畫卡《日軍侵華實錄》詳考

李德生、朱曉寒 著

花木蘭文化事業有限公司

國家圖書館出版品預行編目資料

圖史鈎沉——鮑曼泡泡糖畫卡《日軍侵華實錄》詳考／李德生、
朱曉寒　著 -- 初版 -- 新北市：花木蘭文化事業有限公司，
2022〔民 111〕
目 6+164 面；19×26 公分
（民國歷史與文化研究　十四編；第 7 冊）
ISBN 978-986-518-765-1（精裝）
1.CST：中日戰爭 2.CST：紙產品 3.CST：圖錄
628.08　　　　　　　　　　　　　　　　　110022100

ISBN-978-986-518-765-1

民國歷史與文化研究
十四編　第 七 冊　　　　　　　　ISBN：978-986-518-765-1

圖史鈎沉
——鮑曼泡泡糖畫卡《日軍侵華實錄》詳考

作　　者　李德生、朱曉寒
總 編 輯　杜潔祥
副總編輯　楊嘉樂
編輯主任　許郁翎
編　　輯　張雅淋、潘玟靜、劉子瑄　美術編輯　陳逸婷
出　　版　花木蘭文化事業有限公司
發 行 人　高小娟
聯絡地址　235　新北市中和區中安街七二號十三樓
　　　　　電話：02-2923-1455／傳真：02-2923-1452
網　　址　http://www.huamulan.tw 信箱 service@huamulans.com
印　　刷　普羅文化出版廣告事業
初　　版　2022 年 3 月
定　　價　十四編 9 冊（精裝）台幣 30,000 元　　　版權所有・請勿翻印

圖史鉤沉
——鮑曼泡泡糖畫卡《日軍侵華實錄》詳考

李德生、朱曉寒　著

作者簡介

　　李德生，生於 1945 年，原籍北京。旅居加拿大，為加拿大文化更新研究中心研究員。從事中國戲劇和東方民俗之研究。著述出版如下：

　　《束胸的歷史與禁革》（花木蘭文化事業有限公司出版 2021 年）

　　《炕與炕文化》（花木蘭文化事業有限公司出版 2021 年）

　　《禁戲（增訂本）》（花木蘭文化事業有限公司出版 2021 年）

　　《粉戲》（花木蘭文化事業有限公司出版 2021 年）

　　《血粉戲及其劇本十五種》（上中下冊）（花木蘭文化事業有限公司出版 2021 年）

　　《京劇名票錄》（上下冊）（花木蘭文化事業有限公司出版 2021 年）

　　《摩登考》（花木蘭文化事業有限公司出版 2021 年）

　　《抗戰八年勝利畫史考》（花木蘭文化事業有限公司出版 2021 年）

　　朱曉寒，電腦工程師。原籍上海，職餘喜讀歷史，長於翻譯。曾遍遊美加，結識了許多歐美、日本、臺灣及東南亞各界朋友。暇時常聚在一起聊起二戰時期中日兩國曾發生的那場惡戰。話題有時略顯尷尬，但這場戰爭所造成的刻骨銘心的記憶，迄今令人難以忘卻。

提　　要

　　臺灣的老人們都還記得兒時咀嚼「白雪公主」口香糖時的甜味，待那香甜逐漸淡卻之後，大家就開始比著吹泡泡，由之帶來的歡樂和愉快，令人難以忘卻。另外的一種童趣，就是每打開一枚口香糖，裏邊都藏著一枚精美的泡泡糖卡，是每一個孩子的「愛巴物」。蒐集珍藏泡泡糖卡，是早年兒童生活的一大快事。然而，就是這些看似玩物的畫片兒，卻在抗日戰爭的年代，創造出驚人的歷史奇蹟。那就是 1938 年，美國鮑曼糖果公司發行的大套泡泡糖卡——《恐怖的戰爭》（HorrorS of War），使之譽享世界。這套畫卡共計 288 枚，其中一大半記述了日本軍國主義侵略中國所犯下的種種罪行。宋美齡女士曾舉著這些畫片兒向美國民眾講演，控訴日本軍國主義的暴行。羅斯福總統曾向國會議員散發這些畫卡，反覆論說美國必須「反戰援華」的重要性。為此，那些厭戰的議員們還給羅斯福起了一個綽號——「泡泡糖總統」。一晃八十年過去了，這套《恐怖的戰爭》泡泡糖畫卡，已成了難以尋覓的珍稀之物。一張當年丟棄在拉圾箱裏的包糖紙，在拍賣行中的身價已是 500 美金起拍。若獲得全套畫卡幾若登天。十年前，筆者在美國朋友著名的畫卡收藏家、大布列顛畫卡協會東方部研究主任歐陽兆堂先生的鼎力幫助下，終於獲得了這套泡泡糖的全套。筆者從中整理出有關日寇侵華內容的畫作 144 幀，並邀請了朱曉寒先生對其背面文字進行了翻譯。對這些重要的圖史資料，筆者不忍獨享。經與花木蘭文化事業有限公司洽商，擬將《日寇侵華實錄》部分圖畫刊行於世。目的在於以圖為鑒、鉤沉歷史，供研究抗戰史的學人和讀者們參用。也算是向即將到來的「世界反法斯戰爭和中國抗戰八年勝利八十週年紀念日」，獻上的一部令人難忘的畫卷。

目
次

上卷
泡泡糖畫卡《日軍侵華實錄》詳考

一、泡泡糖的早期歷史

　　泡泡糖亦稱口香糖，他的英文名為 bubble gum。泡泡糖是前兩個世紀世界上風靡一時的糖果食品。因為它香甜適口、回味綿長，咀嚼時口角盈香，咀嚼後還能吹出一個大泡泡。即有口舌之悅，又有快心愉目之趣，更因它物美價廉，一直保持著一美分一塊（臺幣則是 50 分），而深受兒童和青少年的喜愛和歡迎。迄今，臺灣的老人們一 提起「白雪公主」泡泡糖，臉上仍會流露出童稚般的微笑，好像又回到兒時學校的操場上，同學們一起跳著、笑著，比賽誰吹的泡泡最大。或是在學校的走廊裏、或是在花園的樹陰下，大家互相炫耀著自己收藏的泡泡糖卡，《三國演義》有多少？《西遊記》還差誰、誰、誰！《水滸傳》中的孫二娘一直沒有露面兒。《紅樓夢》中，我多了一張林妹妹，「誰跟我換？」……嚼糖、吹泡泡、攢畫卡，換畫卡的活動興盛一時。豈止臺灣的青少年們都忙之如此，在中國大陸、在東南亞、在日本、韓國，在歐洲、在美國，凡是有口香糖銷售的地方，孩子們、青少年，甚至許多成年人也都樂在其中。泡泡糖和泡泡糖卡給他們帶來了無窮的快樂和歡愉。

臺灣在上世紀上半葉十分暢銷的「白雪公主」泡泡糖

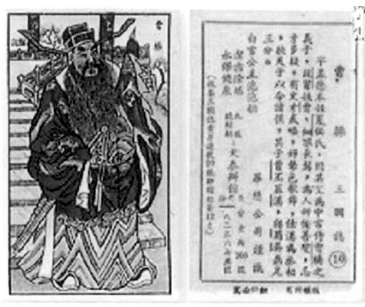

「白雪公主」泡泡糖內的小畫卡

　　其實，泡泡糖這種小小的糖食發明的很早。據專家們考證，它的起源可以追溯到遙遠的 1500 年前，發源於美洲墨西哥。在那裡的尤達島上長著一種人心果膠樹，當地的土著阿茲臺克人用從膠樹上採集來的乳膠摻入蜂蜜、甘蔗汁和天然色素，製成了一種富有彈性、顏色粉紅且不會溶化的膠狀軟糖。這種軟糖不僅能吹出有趣的氣泡，而且能幫助清潔口腔中的齒垢和穢氣，阿茲臺克人在勞動和企禱之餘，不停地咀嚼來打發閒餘的時間。

墨西哥尤達島上的阿茲臺克人，用從人心果膠樹上採集來的乳膠摻入蜂蜜製成了一種膠狀軟糖。阿茲臺克人在勞動和企禱之餘，不停地咀嚼來打發閒餘的時間。

　　據說，墨西哥的一位叫安東尼奧·羅佩斯·德·桑塔·安納的酋長，他在一八三六年的賈森托戰役中被俘，後被美國山姆·豪斯頓將軍釋放回國。不久，桑塔·安納帶著這種曬乾了的人心果樹樹膠到了美國紐約，目的是為了引起一些美國冒險家對這種樹膠的興趣，可以用它來代替橡膠。可是他的想法沒有成功，但是，用這種樹膠的基礎，製成泡泡糖的作用卻引起了食品界的重視。在這種膠基上加入蔗糖、澱粉、薄荷或白蘭香精等，經過調和壓制，製成泡泡糖，一經投放市場便受到婦孺童稚的廣泛的歡迎。泡泡糖既好吃，又可以吹泡泡玩，給單調的市井生活憑添了許多樂趣。到了 1928 年，在美洲泡泡糖已成為一種成熟的小食商品，有許多家庭型的小作坊製作，無數的小商店、雜貨店、食品店售賣。

　　但是，彼時的泡泡糖有個致命的缺點，因為膠基很黏，很容易黏在孩子們的頭髮、衣服和餐桌、地板上，很難清除。給家庭主婦們帶來極大的煩惱，甚至釀成家庭的不睦，甚至鄰里、學校和公共場合的糾紛。

　　迄今，在美國芝加哥的一間博物館中保存有不少早年間家庭主婦對泡泡糖製造商的投訴信件。主婦們反對和限制孩子購買和食用，就嚴重地影響了泡泡的生產和銷路。因之，有相當長的時期，泡泡糖業只維持在一種小作坊生產的階段。

1900 年，波特蘭福雷街的柯蒂斯咀嚼口香糖工廠的工人正在包裝口香糖

二、美國箭牌泡泡糖公司的誕生

1840年前後，美國波特蘭的一家生產泡泡糖的小作坊裏，有個當會計的小青年名叫約翰·B·柯蒂斯（John B. Curtis）。他在業餘時間對泡泡糖的製作特別感興趣，時常跑到化驗室裏去學習討教。在得到傳統的配方之後，他就在自家的廚房爐灶中反覆試驗，不斷改進膠基的成分和配方，終於研製出用一種人造的雲杉膠和石蠟做膠基，可以製出一種不太黏而又很容易吹成大泡泡的新型口香糖。他先試製了一小部分薄荷型、清香可口的泡泡糖，送到周邊左近的小攤小店中代售，出人預料地大獲成功。不黏手、不黏頭髮、不黏衣服，而且一分一塊，十分便宜，輕而易舉地解除了家庭主婦的煩惱，十分暢銷。從而，柯蒂斯得到了父母和親屬們的全力支持。當他申請並獲得專利之後，於1850年成立了美國第一家機制口香糖工廠，既柯蒂斯父子公司。公司產品的商標命名為「威廉箭牌＆CO」。從此。開創了泡泡糖衝向世界的新時代。

美國第一家大型口香糖工廠及其創始人約翰·B·柯蒂斯（John B. Curtis）

源源不斷的訂貨單蜂蹕而至。逼得柯蒂斯不斷地擴建廠房，擴大生產。幾年間他建造了三個不同的工廠，用於生產口香糖，到了1866年，他在波特蘭蓋起了公司大樓。大樓裏集納了營銷、管理、宣傳、設計的精英群體，使泡泡糖生產、管理和營銷走向了現代化企業的道路。到了1871年，這座歷史悠久的工廠每天的產量超過1,000箱。出貨量幾乎覆蓋了美國全境。工廠配備了現代化的機械設備和集約式的生產方式，工廠每年使用的原材料已達到200,000磅糖、75,000磅樹膠、25噸雲杉和20噸石蠟。

公司在各地報紙上不厭其煩的告訴青少年和兒童們，怎樣才能吹出大大的泡泡。廣告上說：「你們要借助舌頭、牙齒將泡泡糖弄扁；再用牙齒牢牢地頂住糖的邊緣，然後吹氣，先輕輕吹出一個小泡泡；閉好嘴巴，防止泡泡糖

掉出，便可以用力吹了；吹到一定程度時泡泡會破，那就要看你的技術了，看能吹到多大！」

　　彼時，公司又開發研製出一種信箱大小的自動售糖機。這種輕巧的售糖機掛在各個街道、市場、公園和停車站。只要向裏邊投入一美分，售糖機便自動地吐出一塊糖。既方便又實惠，神速般地擴大了糖的銷售，橫行市場，形成強大的壟斷地位。

箭牌泡泡糖的老廣告

1980 年發明的箭牌泡泡糖自動售貨箱

三、泡泡糖《運動卡》的問世

　　箭牌口香糖之所以能吸引廣大的兒童和青少年消費者，除了物美價廉、好吃、好玩之外，還有一大法寶，那就是隨糖增送的「泡泡糖畫卡」。自從 1875 年，紙捲香煙問世之後。阿倫.金特煙草公司在每包香煙中都附贈一枚精美的小畫片。這件看似不經意的小小技倆，確產生了巨大的商業促銷效應。尤其，帶有煙畫的香煙與吉利剃鬚刀、冰淇淋、罐頭食品在費城博覽會上所引起的巨大轟動，給商界帶來了驚人的啟示。「威廉箭牌＆CO」決定不恥下效、步武前賢，也仿傚香煙，隨糖贈送畫卡啦！

　　泡泡糖畫卡的主題內容應該是什麼呢？香煙畫卡的大部分內容是「漂亮的女人」、「美麗的姑娘」，她們用「甜蜜的微笑」，用「搔首弄姿」來吸引抽煙的男性消費者。而泡泡糖的消費者，大多是情竇未開的青少年和蒙昧未解的小兒童，他們喜歡比賽、喜歡運動，崇拜冠軍，崇拜英雄。於是，設計者便把畫卡與當時炙熱的板球運動和棒球運動聯繫起來，以板球比賽和棒球比賽，

以及運動員，運動明星為主題，泡泡糖專門附贈各種賽事和運動英雄為主題。果然，一問世便牢牢抓住青少年們心。他們膜拜「運動之神」的歡欣，又轉化為對泡泡糖的鍾愛，一箭雙雕，箭箭中的，泡泡糖的銷售更加火炙。乃至到了二十世紀二、三十年代，運動卡收集熱已蔓延到火氣方剛的成年人，熱愛運動的老年人。最終成為一種獨立於泡泡糖之外的銷售行業。

「威廉箭牌＆CO」早期發行的棒球運動卡

1898 年 1 月，該公司經過數度的擴股、合併，最終成為現在的國際壟斷公司。並開始有步驟地向南美洲、歐洲、東南亞諸地擴散。很快在雅加達、新加坡、廣州、上海、日本、韓國都有了箭牌泡泡糖的蹤影和代理商。泡泡糖畫卡也與香煙牌子一樣，水銀漫地般的流淌下來。

四、1938 年泡泡糖畫卡《恐怖的戰爭》的問世

在上世紀三十年代初期，世界經濟處於大蕭條階段，美國經濟下滑、工業倒閉，工人失業率極高。但對於泡泡糖的銷售影響不大，主要是因為它便宜，一美分一塊，雷打不動。加盟「威廉箭牌＆CO」公司的費城泡泡糖企業家雅各布・沃倫・鮑曼（Jacob Warren Bowman），他是第一個在東南亞和日本建造口香糖工廠的人。史料中描述，這位鮑曼身高 6 英尺 3 英寸，體重 220 磅，身材魁梧，氣度非凡，是個頗有眼光、辦事果斷的人。他在年青創業階段，僅是一名二手車銷售員，能說會道，進取心強。因為從小就吃口香糖，吹泡泡，收藏泡泡糖卡。口香糖巨頭威廉・瑞格利是他心目中最崇拜的英雄。

他設法說服了一家銀行的老闆，借到了「第一桶金」，購買了一些舊機器、一桶桶葡萄糖和香精、色素，開始製作 Blony 口香糖。就此在費城成立了 Gum, Inc.鮑曼口香糖公司。他以忘我實幹的拚命精神，使劃定的銷售區域的業務迅速起飛，蒸蒸日上，他的產量、銷量超過了許多競爭對手，並開始迅速地向海外擴張。

泡泡糖企業家
雅各布・沃倫・鮑曼
（Jacob Warren
Bowman）

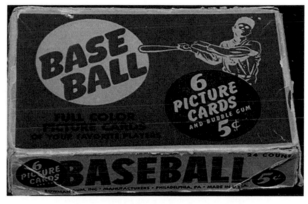

附贈棒球運動卡的鮑曼口香糖

因為有海外的業務，尤其是日本和中國的業務，使他特別關心世界上發生的大事。他每天都聽無線電臺的新聞廣播，閱讀各大報紙。埃塞俄比亞的戰爭和西班牙的內戰時時縈繞於心。1931 年，日軍侵佔了中國東三省，也成了他十分關注的大事。因為他銷售和服務的對象，都是兒童和青少年。不分國度，不分種族，鮑曼天生地關愛著他們，他常常為這些孩子在戰爭中的處境而擔憂。鮑曼還是一位虔誠的基督徒，他終日為苦難中的兒童祈禱。

對戰爭的報導，在畫卡界也泛起著陣陣波瀾。例如，德國煙草公司率先出版的《今日的時事》煙畫中就揭露了「日本的崛起」、「九一八事變」，以及「東北民眾的抗爭」。中國上海福昌、福興等眾多煙草公司發行了一系列號召人民團結抗戰內容的煙畫。這些事件和實例，均有形無形地撞擊著遠在美國的鮑曼先生的心靈。

1937 年，盧溝橋事變爆發，鮑曼在他的收音機上每日都能聽到日軍攻佔豐臺、攻佔北平，轟炸天津，「一二八」攻佔上海，接著佔領南京，並進行了慘絕人寰的南京大屠殺。種種惡行，使鮑曼先生忍無可忍。他決定要用泡泡畫卡來揭露日寇在中國犯下的滔天大罪。要讓世界人民知道戰爭的殘酷。他

決心用這些卡片來提醒易人們「和平的重要性，不要戰爭的聳人聽聞！」

德國煙草公司在 1937 年發行的「日軍侵華」香煙畫片

德國煙草公司在 1937 年發行的「中國人民誓死抗敵」香煙畫片

　　他請來了公司廣告主管喬治・摩爾（George Moll），向他說明了自己的打算。喬治・摩爾先生也是一位遁規蹈矩的基督徒，還是教堂裏主日學的老師。他不反對鮑曼先生的計劃。但是他衷懇地提醒鮑曼，在日本和中國上海都有我們的業務和市場，一但惹惱日本，公司會遭到巨大損失。鮑曼認真地恩索了一陣，抬起頭堅定的說：「衛護和平，保護兒童，這是主的意志」，我們當全力奉行。

五、泡泡糖畫卡《恐怖的戰爭》的創意與繪製

　　公司的廣告主管喬治・摩爾先生本人是一位文學基礎堅實的寫作高手，而且還是一位很有根基的畫家，他花費了一周的時間，埋頭於圖書館中，蒐集報刊雜誌對近期發生在世界上重大戰事的報導，很快就拿出了一方案。他要在這套畫卡上突出一個主題，那就是後來印在每張 GUM，Inc.卡底部的銘文──「瞭解戰爭的恐怖，就是想要和平！」

　　他計劃先繪製 240 張畫卡系列，以日軍侵華為主，鋪之於埃塞俄比亞戰爭和西班牙的內戰，突出描繪戰鬥的激烈和殘酷，以及對無辜平民所遭受的襲擊和迫害。起名為《恐怖的戰爭》（《HorrorS of War》）。他的設計和計劃得到了鮑曼的首肯和全面的支持。

　　喬治・摩爾先生說幹就幹。惟恐個人力量單薄，不能如期完成這部巨製，他又請來了幾個寫實派的畫家朋友一起進行創作。（這一層可以從全套作品繪

畫風格多少有些差異得到印證。至於摩爾請的畫家朋友都是誰，他們的姓名則難於考證了。）畫卡的文字說明部分則全由摩爾先生自己承擔了。

這套畫卡製成品的規格尺寸為：65mm×80mm。七彩印刷。線框、白邊，四角呈隋圓型。前圖後文，有序號，屬於泡泡糖卡的大型片，印在 0.5mm 厚的硬紙卡上。首批畫幅共 240 枚。翌年又補充發行了 44 枚，共為 288 枚。其中，繪有中日戰爭內容的畫面共有 138 枚。

這套畫卡的開卷第一號，畫的就是「七七事變」，日軍攻打盧溝橋。我國軍民與之浴血奮戰：接著，日軍攻打豐臺，我軍青年敢死隊與日寇的肉搏：日軍攻佔北平，轟炸天津：發動「一二八」戰事，攻打上海。我十九路軍大刀禦敵，八百勇士死戰「四行」。一直畫到了日寇佔領南京，對手無寸鐵的平民施行了慘絕人寰的大屠殺……。一椿椿，一件件，血淋淋的場景，在美國畫家的筆下無聲的展現，卻使人們能聽到呼天嗆地的哭聲。

泡泡糖畫卡《恐怖的戰爭》的第一號「盧溝血戰」的正面和背子

泡泡糖畫卡《恐怖的戰爭》的第二號「豐臺抗敵」的正面和背子

六、泡泡糖畫卡《恐怖的戰爭》的發行與影響

1938 年 2 月 17 日正式宣布，《恐怖的戰爭》（HORRORS OF WAR）的泡

泡糖畫卡隨著 Gum，Inc.泡泡糖一起上市了。它的發行範圍極廣，幾乎美國全境、東南亞、日本、中國，凡有箭牌泡泡糖代理商的地方，都有這套畫卡在流行。它一改昔日運動卡的面目，而把正在發生的戰爭，以圖畫的形式繪聲繪色地報告給世界各地。從來不知道什麼是流血、什麼是戰爭的少年兒童們看著畫面，莫不睜大著眼睛目瞪口呆！從來不關心政治的家庭主婦，面對畫卡也大驚失色。是什麼地方發生了這麼不可思議的事情？男士們拿起了這些畫片兒，也一個個眉頭緊束，頓入思索。

1938 年鮑曼泡泡糖畫卡《恐怖的戰爭》的部分畫面

懷有強烈的孤立主義情緒和中立態度的美國男人和知識分子、教師們，曾在報紙上撰文，反對資本家為了盈利，不擇手段，用這些血淋淋的畫片兒來玷污少年兒童們純潔的心靈！更不該把異域戰爭的硝煙散佈到中立的美國中來！鮑曼不得不撰文自辯並予以澄清。他說：「任何戰爭都是恐怖的，都是惡施於人的魔鬼！我的目的是想通過揭露戰爭的恐怖，來拯救和平！所以我在每張 GUM，Inc.卡上都印有我的理想——瞭解戰爭的恐怖，就是想要和平！」他自豪地聲稱：此舉已得到了和平組織「世界和平之路」的全力支持。

儘管如此，鮑曼發行的泡泡糖卡仍然沒有得到老師和家長們的認可。他們認為在繪畫的細節上過於形象、可怕。許多父母仍然試圖阻止他們的孩子購買這種口香糖，或者沒收他們珍藏的卡片。

日裔美國人和在美居住的日本僑民，也被這套畫卡觸怒了，他們擔心會讓人想起 1800 年代末和 1900 年代初，美國本土主義排僑運動的反彈。同樣，鮑曼公司在日本的工廠及其在日本發行的《恐怖的戰爭》的泡泡糖卡也導致了日、美兩國的外交衝突。1938 年 5 月 20 日，日本政府在橫濱沒收了 500 盒鮑曼口香糖。並以此向華盛頓提出抗議，稱這些卡片描繪的都是「殘暴的虛假場景」。鮑曼訕笑地回答道：「這對日本人來說，真是一個很好的笑話。圖片所繪都是權威報紙報導的第一手材料，無一虛構。」他自豪地宣布，「無人信我說謊。我每週可以通過這些卡片賺取 44,000 美元，並預計到年底我將售出 1 億包。」事實說明他是對的。

日本外務省對這些卡片提出強烈抗議，聲稱這套畫卡，過度宣染了日本軍隊在滿洲和中國所做的事情。是年，日本駐華盛頓大使館官員向美國國務院發出抗議照會，堅持要求鮑曼撤回他的公司出售的卡片和口香糖。美國國務院不向日本低頭，嚴辭駁回了日方的無理要求。並聲明，畫片中所繪的日軍在長江上擊沉了美國炮艦班乃號，就是一樁鐵打的事實！理屈詞窮的日本政府，隨即宣布鮑曼是「日本的敵人」，並命令他關閉在他們國家開辦的口香糖工廠。

然而，這套《恐怖的戰爭》的泡泡糖畫卡在經濟上也取得了巨大的成功。每一塊賣一美分的口香糖都附有一張頗有新意的圖片，不僅刺激了孩子們的眼球，開擴了他們的視野，更刺激了男孩子們對現代戰爭和新式武器，如飛機、大炮、坦克、機關槍知情慾的渴望。正因如此，這套畫卡給公司贏得的票房價值真的超過一億美元。

七、宋美齡在美國的公關與演講

宋美齡女士第一次看到《恐怖的戰爭》的泡泡糖畫卡，是在 1940 年的一個夏天。她是從僕人的小孫子手中看到的。據那位僕人回憶，當時，他的孫子正在咀嚼一枚口香糖，手中攥著一張泡泡糖畫片。這枚畫片上，畫的正是震驚中外的「南京大屠殺」。宋美齡表情凝重地看著畫片，鄭重地囑咐這位男僕，多找一些這類畫片給她。

　　1942 年 11 月，宋美齡代表民國政府赴美國訪問，其足跡遍及紐約、華盛頓、芝加哥、舊金山、洛杉磯。她一路走來一路演講，美國朝野被其純正的英語、高雅的風姿、卓越的才華所傾倒，從而，刮起了一場「宋美齡旋風」。宋美齡女士在抗戰時期，對中國外交並促成美國援華做出了重大貢獻。

　　她訪問白宮與美國政要舉行過會談，在美國國會眾參兩院發表過演講，與羅斯福總統聯合舉行過記者招待會，到美國各地參觀訪問，並發表過一系列成功的演講。

宋美齡在美國國會發表演說

　　她在向美國國會議員們發表的演講中，高度地讚揚了分布在世界各地開展反法西斯戰爭的「美國鬥士」。然後指出：「當 1937 年日本軍閥發動其全面

侵華戰爭時，各國軍事專家，皆認為中國無一線希望。但實踐說明日本並不能迫使中國屈膝。太平洋戰爭發生後，日本襲擊珍珠港、馬來亞及南洋一帶，世界上一度視日本人為尼采所稱之超人，在智力上與體力上均超越於其他國人。但事實證明，並非如此。世界人民不應該繼續縱容日本。日本法西斯就像古希臘德瑪克利斯頭上懸劍，隨時可以降落。若不聯合抗爭，遷延一日，即多犧牲若干美國人與中國人之生命。對於日本之武力，必須予以徹底摧毀，使其不復能作戰，始可解除日本對於文明之威脅。」最後，宋美齡堅定地表示：「我中國人民根據五年又半之經驗，確信光明正大之甘冒失敗，較諸卑鄙可恥之接受失敗，更為明智。」宋美齡的演講贏得了議員們熱烈而長久的掌聲與歡呼聲。

隨後，宋美齡又被邀請到參議院作即席演講。她首先以中美兩國人民有160 年傳統友誼、一美國飛行員因飛機失事跳傘被中國民眾救助以及她早年在美國求學的經歷作為開場白，然後強調指出：中美兩國人民在基本原則上，實為同一目的與日本法西斯作戰。她向參議員們保證：中國人民願與美國人民密切合作，並以實際行動實現建立自由世界之共同理想。她在參議院的演講，同樣獲得了聽眾的熱烈反響。

她在紐約麥迪遜廣場為 18000 多名美國聽眾演講，她在芝加哥運動場為27000 人發表演講時，首先對美國各界民眾給她寄送的大量函電及捐贈表示感謝。隨後，她講起了中國民眾在艱難困苦的抗日戰爭中，所表現的崇高品德。重慶遭到日本飛機野蠻轟炸後，許多老百姓無家可歸，政府設立了施粥所救濟難民，但是許多家室謝絕救濟，要求將食品送給更加需要的人。她說：「在此世界戰爭中，吾人正不惜犧牲吾民族之精華，並犧牲吾人所有之一切，以期有貢獻於此次大戰爭而建立一自由正義之世界。余為此言，實因余感覺應將今日中國人民之思想，與此思想所依據之民族性奉告諸君。」

隨後，宋美齡在洛杉磯好萊塢露天廣場向 5 萬多美國聽眾發表的演講中，集中介紹了中國抗日戰爭的歷史經過與慘烈情景。她說：「蓋時至今日，舉世皆知日本軍閥於佔領南京及其他區域之後，如何實行其有計劃之殘暴手段；如何從事劫掠，並剝奪受驚民眾之一切謀生工具；污辱吾人婦女，逮捕所有壯丁，捆縛一處，如捆縛禽獸然；並強其自掘墳墓，最後則將其踢入墓穴，予以活埋。」她根據自己在國內親眼目睹的情況說：「往往目擊數十萬本來生活安樂之同胞，今已頓成難民，流離載道，遭受敵機轟炸掃射，道旁則有累千

贏萬之待埋屍體，此真令人觸目驚心，永難忘懷。」宋美齡對日寇罪惡的控訴，與「鮑曼畫卡」的描述是何其相似乃耳！宋美齡代表四萬萬國人信誓旦旦地說道：「吾人用意與戰略，乃使敵人所奪取之每一寸土地，必須付代價且付重大之代價」。美國所有的廣播電臺都播放了宋美齡的演講，美國所有的報紙都在頭版刊登了宋美齡的演說。她的演講詞，引起了美國民眾的強烈反響，感動了億萬美國人民，最終爭取到美國對華更多軍事援助，推動了美國各界為中國抗日的巨額募捐。

　　一位住在新澤西州東奧倫奇市的家庭主婦，寄了 3 塊錢的匯票和一枚畫有上海難童在火車站哭泣的泡泡糖畫卡，要求轉給宋美齡。這位美國太太說：「三塊錢匯票是我三個女兒合送給那位在拉圾堆裏哭泣的小朋友的。」這是宋美齡的國會演講經由收音機轉播全美，「打動千千萬萬美國人民心田的最佳證明。」同時，也是小小的泡泡糖卡在美國所創造的奇蹟。

1938 年鮑曼泡泡糖畫卡《恐怖的戰爭》之「南京大屠殺」	1938 年鮑曼泡泡糖畫卡《恐怖的戰爭》之「哭泣的小朋友」

八、「泡泡糖卡總統」羅斯福

　　在第一次世界大戰後的幾十年裏，許多美國人非常擔心捲入另一場代價高昂的國際衝突。即使像希特勒領導下的納粹德四，三十年代在歐洲所犯下的種種侵略行為，執有孤立主義的國會議員們，還是力主旁觀，而限制美國參與其中。直到 1939 年，德國入侵波蘭，歐洲再次爆發全面戰爭後，羅斯福總統力排眾議，毅然宣布，雖然美國在法律上保持中立，但不可能「每個美國人在思想上也保持中立。」羅斯福總統說服了國會，允許向法國和英國等盟國直以「現金支付」的方式購買軍事物資。這是美國參與反法西斯統一陣

線的肇始。

　　同樣，執有中立態度的美國民眾和議員，對日寇侵略中國的事情也漠不關心。他們認為中國人軟弱無能，士氣低落，通貨膨漲，中國會放棄抗爭，而屈服於日本的猛攻。羅斯福總統同情中國的遭遇，他在參議院、眾議院和國會中反覆論述，要站在世界全局的高度來看待各個地區所發生的一切。美國雖然身處美洲，但是，槍炮所發出的巨響和它所發出的火焰，同樣會炙烤我們美國人民的面頰。婦女和兒童的哭聲，同樣震顫著美國人的心靈。

　　有文字記載，每當羅斯福總統說得激動的時候，他都會從兜裏掏出一摞摞的 Gum，Inc.泡泡糖畫卡，分發給左近的議員們。他衷懇地說道：「請大家看看，這是發生在東方的真實事件。多麼殘酷，多麼慘烈！誰個沒有同情心哪？！」大家對總統這一孩子般的舉動深受感染，並恢諧地給他起了個綽號：「泡泡糖卡總統」。

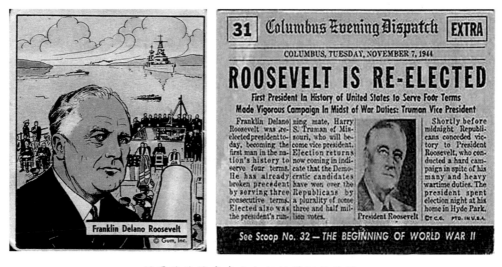

鮑曼泡泡糖畫卡上印行的羅斯福總統

　　日本飛機在不宣而戰的偷襲下，轟炸了珍珠港！終於驚醒了自以為是的美國人。就此美國正式對日宣戰。1943 年 11 月，美國總統富蘭克林·D·羅斯福在埃及開羅會見了中國國家主席蔣介石和英國首相溫斯頓·丘吉爾，他們討論了抗日戰爭的進展和亞洲的未來。他們在 12 月 1 日聯合發表的《開羅宣言》盟國承諾繼續對日作戰，並將日本軍隊驅逐出它所征服的所有領土，鞏固了中國作為四大盟國之一的地位，並同意日本從中國奪取的領土，包括滿洲、臺灣和佩斯卡多爾群島，將歸還給中國。

筆者在這裡並無誇大和過度讚揚鮑曼製作「恐怖的戰爭」口香糖卡片，在非常時期所起到的特殊作用，但有理由證明了，普遍認為愛好和平理想對公眾所產生的重大意義和信念。

九、筆者對《恐怖的戰爭》泡泡糖畫卡的蒐集與整理

筆者生於 1945 年 10 月 24 日，無緣親知抗戰八年的戰爭苦難。很多事情都是從老人們的嘴裏聽說的。我的老家在河北省青縣，當年也是個日軍、國軍、八路軍你來成往、反覆拉鋸的地方。

我爺爺說：古時有「中原逐鹿」這句成語，大概指的就是河南河北這一帶。不過當時指的是中國軍閥自己逐來逐去。誰承想「七.七」事變，小日本也到這裡逐起鹿來了。日本一到，抓丁拉伕、修炮樓，挖戰壕。還出了不少「狗腿子」。依他老人家看法兒，「狗腿子」比日本鬼子更壞。橫行鄉里、狗仗人勢，搶男霸女，無惡不做。打著為鬼子找花姑娘的名義，強姦婦女都是他們幹的。好容易日本鬼子投降了，老百姓想過兩天安穩日子，可國軍與共軍又打起來了。青縣、獨流、城河、廊坊這一帶，白天國軍來，晚晌共軍來。老百姓向著誰者不行，所以能躲的就躲，能藏的就藏。一會兒打炮、一會兒響槍。我娘膽小，抱著我躲在菜窖裏不敢出來。無奈，一家大小便跑到北京苟安了。

在我兒時的畫卡收藏中，夾雜著幾幀泡泡糖畫卡，因為上邊印的都血淋淋的戰爭場面，很不讓人待見。而且背子上印的是外文，也不知道是什麼意思，一值得不到筆者的重視，便被置於另冊。上中學時，我是分配到北海後門教場胡同第四十中學。這一所學校有著悠久的歷史，乾隆皇帝曾在此訓練八旗部隊，清帝遜位之後此校改為「祐貞女中」，1956 年又改稱為「北京四十（中學）。我入學的時候，正趕上全國向蘇聯老大哥學習，只許學俄文，不讓學英文。因為英文是資本主義的玩意兒。教我們俄文的老師是一位歸國的印尼華僑。據說，他在印尼時就入了中國共產黨，回歸祖國是出於熱情，投身社會主義建設。我曾拿出那幾張泡泡糖卡，向他請教背子上印的外文是什麼意思？他認真地看後笑著說：「我的英文不好，大概是說日本侵略中國時所幹的壞事。挺有意義的。」從此，我才重視起它們來。但在那個歲月中，想蒐集畫卡是全然無門兒的。

一晃到了 1998 年，我曾應中國煙草學會副秘書長楊國安先生之邀，參與

撰寫《中國煙草通史》時，一起到上海出差。閒逛龍王廟舊貨市場時，發現了十餘枚《恐怖的戰爭》泡泡糖卡，因識此貨者人少，價錢很便宜，我便全都買下。移居溫哥華後，因視野變寬，方知道這套泡泡糖卡的人文價值。但在加拿大的古董市場覓處亦稀。在伊貝上偶有發現，亦多是零零星星、品相不佳。價格每枚均在 10 至 100 美元上下。

1938 年的出版物，經過八十年的歲月，這套《恐怖的戰爭》泡泡糖畫卡，即使在它的發源地美國，也已是難以尋覓的珍稀之物了。一張當年丟棄在拉圾箱裏的泡泡糖包糖紙，在拍賣行中的身價也已是 500 美金起拍。若獲得全套畫卡，實比登天還難。

二十年前，筆者的收藏原為臺灣出版家黃永松先生看中，在他的鼓勵下，漢聲出版公司出版了筆者編纂的《煙畫三百六十行》一書。此書頗為美國著名的畫卡收藏家、大布列顛畫卡協會東方部研究主任歐陽兆堂先生的賞識，在不斷的通信中我們成了志趣相同的朋友。我向他說明了想蒐集《恐怖的戰爭》泡泡糖畫卡的想法。他說，他的興趣全部集中在蒐集研究中國香煙卡上，限於精力對泡泡糖卡少有研究。他把他手頭上僅有的十餘張《恐怖的戰爭》泡泡糖畫卡都慷慨無私的寄送於我。這樣我就有了這套畫卡中的三十餘枚。

直到 2015 年，在歐陽兆堂先生鼎力邦助下，我終於獲得了這套泡泡糖的全套（其中包括一多半的限量複製品），一共 288 枚。筆者欣喜若狂。從中整理出有關日寇侵華部分內容的畫作 138 幀。我邀請了一位精通英語的朋友——電腦工程師朱曉寒先生一起，對之進行了認真的研究和翻譯，草成此書。我們面對這些小小的、已變成歷史文物的畫片，實不忍珍饈獨享。經與花木蘭文化出版社洽商，擬以《日寇侵華實錄》的題目刊行於世。目的在於以圖為鑒、鉤沉歷史，供研究抗戰史的學人和讀者參用。也算是向即將到來的「世界反法斯戰爭勝利和中國抗戰八年勝利八十週年紀念日」，獻上的一部令人難忘的歷史畫卷。

下卷
泡泡糖畫卡《日軍侵華實錄》圖鑒

1. 第一場戰鬥在盧溝橋打響

中日戰爭的第一場戰鬥在北平以西十英里的盧溝橋打響了。最初雙方達成停火協議，日軍同意撤離。但是，1937 年 7 月 10 日，日軍撕毀停火協議，進攻盧溝橋宛平縣地區。大約下午 5 點 30 分，日軍攻打宛平縣城。二十九軍於前一天曾撤出附近的村莊，在發現這一情況後，又從盧溝橋打了回來。在那裡，中、日雙方展開了輪番血戰。自動步槍在沙袋後邊猛烈開火，狙擊手也參加了戰鬥。日軍進行了還擊。手榴彈在盧溝橋周圍四處開花，不少日軍在大刀下喪命。與此同時，從滿洲開來的火車，為日軍送來支援部隊。

2. 中國的「大刀隊」奮勇殺敵

著名的中國二十九軍中有一支「大刀隊」，他們在 1937 年夏季，活躍在北平南郊的抗敵戰鬥中。這些勇士們的手中只有一把大刀，卻讓日軍聞風喪膽。他們抱著必死的決心，與裝備著機槍、坦克、飛機等現代化武器的日軍作戰，在豐臺殺死日軍 600 人；在北平以東的通州，也殺死和俘虜了許多日軍。當然，這支軍隊本身也有很大傷亡。戰場上空有兩隊日軍戰機在轟炸中國士兵和手無寸鐵的平民百姓。面對敵機投下的炸彈，中國軍民心仍然堅守陣地，寸土不讓。日軍步兵則開始更猛烈的進攻，戰鬥在北平周圍激烈地展開著。

3. 美國士兵在幫助本國僑民避難時遭到槍擊

　　野蠻的戰鬥在北平古城牆外持續數日。1937 年 7 月清晨，日軍再次發起總攻，戰鬥持續了一整天。北平市內每日遭受空襲，時時刻刻威脅著平民百姓的生命安全。很多人跑到東郊民巷一帶的使館區躲避。有一次，美國海軍正引導一些美國人到大使館內避難，突然在使館外數百碼處響起了激烈的槍聲。但是，執勤部隊並沒有被槍聲嚇倒，他們仍然堅守崗位，幫助避難者。飛來的一顆流彈，打中了一位列兵的大腿。在他倒下的時候，他見到堅守前門大街的中國軍警和日軍便衣在使館區附近發生了遭遇戰。

4. 天津上空的日本戰機

　　1937 年 7 月 29 日午後，在塘沽和豐臺之間，以爭奪天津為中心的戰鬥打響了。日軍戰機開始轟炸天津城。大型轟炸機低空飛行，拋下大量炸彈。首要的目標是北平—奉天鐵路的辦公大樓。其後是天津學校的教學樓、天津法院和鬧市街道。天津市府大樓及其周邊建築物成了一片火海。數以千計的平民百姓、男女孩童被炸死、炸傷。美國人和其他外國人的生命財產均受到威脅。空中的飛機還給日軍地面部隊發出了信號，讓他們向正在封鎖線上集結的中國軍隊發動進攻。此時，雙方均支起了大炮，展開了猛烈的炮戰。當夜幕降臨的時候，日本的大型轟炸機才離開戰場。天津城仍然處在一片火海之中，人們徹夜無眠。

5. 中國的高射炮兵擊落日軍戰機

　　1937 年 8 月 14 日，一隊由 12 架德式重型轟炸機組成的日本空襲隊，沿長江一線展開轟炸。他們攻擊了南京的空軍基地，擊毀了數架中國戰機。戰鬥中，中國軍隊的防空炮火震動全城。但是，日本轟炸機很快將地面炮火炸平。但在日軍還沒來得及高興的時候，又被追上來的中國戰機的炮火擊中。幾名日本飛行員當場喪命，屍體被甩出機艙，衣服也著了大火。一架日本轟炸機的機身被炸出 300 尺開外。事後發現一名受了傷的日本飛行員，曾試圖包紮自救。並不像日本宣傳的那樣，飛行員在燒毀戰機中逃出後，為了防止被俘而切腹自殺。中國人報導說，這名日本飛行員被中國戰機追上時，早已被嚇傻了。

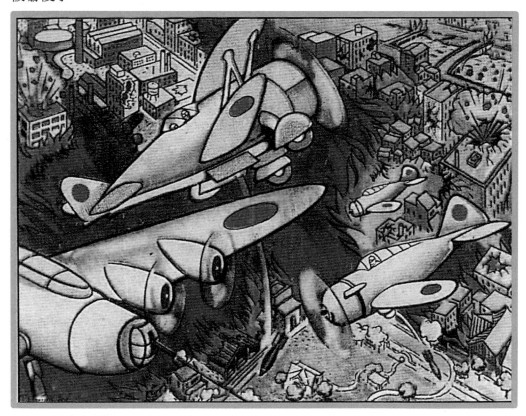

6. 「八一三」淞滬抗戰，中國軍隊與日軍敢死隊肉搏

日軍部隊在戰艦的幫助下，於 1937 年 8 月下旬黎明前登陸上海，增援公共租界內的日本駐軍。中國軍隊靜靜地潛伏著在岸邊，直到日軍的先頭部隊乘坐武裝衝鋒舟搶灘登陸時，突然發起阻擊。此時，彷彿信號炸彈一般，整個夜幕變成了一片火海和煉獄。中國軍隊用機槍、大炮猛烈開火，日軍拼死頑抗，繼續搶灘登陸。其中有 70 名敢死隊員披著日本武士道的傳統裝束，以示戰死的決心。當衝鋒舟剛一到岸，這群敢死隊就跳進齊腰深的水中，迎著機槍子彈和手榴彈衝上岸去。他們剛剛爬上岸，就踩響了中國軍隊布下的地雷。僅有幾個幸存者依然不顧一切地衝上岸來，與守軍展開了肉搏。

7. 六百壯士死守寶山

　　中國二十九軍的一支孤軍在與日軍反覆的戰鬥中，成功地守住了城牆環繞的寶山縣城。整整一周的時間，這支英勇的部隊以血肉之軀，擋住了日軍兇猛的前進。1937 年 9 月 8 日，日軍工程部隊運來了重型火炮，用重磅炸彈轟開了寶山城牆，許多將士被埋在巨石和泥土之下。寶山城失去了保護。但是，餘下來的戰士們毫不退縮，繼續抵抗，一直戰鬥到最後一個人為止。這是用現代化武器對古代防禦體系發難的一個有代表性的戰例。後來，日軍試圖把寶山和不遠的羅店連成一線，但終究沒有成功。

8. 日軍坦克向英軍和難民開火

　　試圖佔領上海的日軍，一直與固守禦敵的中國軍隊對峙著，而英軍皇家阿爾司特步槍隊的步兵們就在這個戰場邊上執勤。1937 年 8 月 28 日，英軍正在幫助中國難民逃過佳士菲鐵路橋的時候，突然一輛日軍坦克發現了他們，於是就駛上了橫跨蘇州河的公路橋，用機槍向英軍和難民開火。一瞬間，子彈在地上、橋上亂飛。難民中有一位懷抱嬰兒的婦女中彈，倒下了去。可憐的孩子被丟在鐵路上哇哇大哭。沒有受傷的英國士兵急忙衝了過去，幫助受傷的母親和嬰兒逃生。事後，日軍解釋說，這輛坦克是在搜查中國部隊，誤傷了百姓。

9. 二十名中國學生赤膊向敵人發起衝鋒

　　1937 年 7 月 20 日，二十名中國愛國學生呼喊口號，向駐守在北平西南的日軍陣地發起了衝鋒。他們都赤膊上陣，以示必死的決心。這些不怕死的學生一邊開著槍，一邊向久經沙場的日軍進攻。隨後，盧溝橋西面的中國守軍也向日軍開火。日軍先是擊毀了兩座瞭望塔，接著又出動了飛機飛臨戰場，在天空用火炮向地面攻擊。日軍的機槍火光閃閃，炮彈也呼嘯地炸在戰場上。這二十名愛國學生在衝鋒中，一個個地倒下，最後全部犧牲。他們的勇敢精神永遠活在所有中國青年的心中。

10. 日軍旗艦在黃浦江上遭到攻擊

　　1937 年夏天，日軍旗艦「出雲號」在上海附近的黃浦江停泊時，幾個不怕死的中國人差一點將這艘大型艦艇擊毀。當時「出雲艦」的炮臺正對著臨江的建築射擊，給中國人造成了巨大的財產損失。突然，一組中國戰機神勇地飛到艦艇上空，其中一架飛機衝著驚慌失措的日軍船員直接撞了過去。其他幾架實施轟炸的戰機，被日軍的防空機槍擊落。而水上又出現了一幕令人毛骨悚然的場景，一艘裝滿炸藥的中國駁船正在靠近「出雲號」，船上的水手已經點燃炸藥，看到這個巨大的危險，「出雲號」上的日軍瘋狂地向駁船射擊。轉眼之間，駁船被擊毀，殘骸四處橫飛。「出雲號」靠吃水線高，才撿了一條性命。

11. 中國空軍的轟炸給自己人造成了重大傷亡

　　1937 年 8 月 14 日，中國飛行員懷著為國效力的激情飛到上海，對停泊在黃浦江上的日軍戰艦實施轟炸。可是，由於技術問題，炸彈沒有炸到敵軍艦隻，卻落在了上海公共租界和人流擁擠的南京路上，中國人和一些中立的外國人卻遭了殃。此時，上海大世界附近恰有數千難民正在等候施粥，結果慘遭其禍，被炸得一片狼藉，近千人喪命，一千二百人嚴重傷殘。不少行駛著的車輛被炸翻，乘客從車中甩了出去。華懋飯店部分建築也被炸毀。看門人被破碎的玻璃削掉了腦袋。轟炸結束後，殘肢斷臂散滿街道，把河水都染紅了。

12. 中國軍隊在南口伏擊日軍

　　南口，是從河北省西北部到內蒙古的必經之路，也是唯一一條日軍能運送重型裝備的道路。1937 年 8 月 20 日，日軍已經佔領了北平以北三十英里的所有關口，並將他們的軍用車輛推進到 15 英里長的南口通道上。當日軍向居庸關進發時，他們發現前進的道路早被破壞，繼續前進十分困難。一方面，日軍遇到了滂沱的大雨；另一方面，足智多謀的中國軍隊埋伏在南口四周的荒山上。中國部隊的戰士們挖好了長長的戰壕，就等著日軍過來。那些輕裝備的日軍尚能爬過山坡，改道而行，但重型火炮都深陷泥濘之中，動彈不得，日軍戰機也因為暴風驟雨而無法起飛。致使數千日軍在爭奪南口通道的戰鬥中失魂喪命。

13. 日軍轟炸炸死上海電車的乘客

　　1937 年 8 月中國空軍持續轟炸日本空軍機場。日軍飛行員急於報復，他們帶著滿艙的炸彈，飛往上海公共租界。預定目標是轟炸租界外的中國陣地，但是，許多炸彈掉在了租界裏面，可怕的事故遂即發生。一個電車司機眼看著一枚炸彈就要落到自己的車前，他一邊踩刹車，一邊大聲警告乘客注意，並拉響電車鈴鐺。轉眼間，炸彈爆炸了。電車被炸成了碎片，司機和所有乘客都被炸死，殘肢斷臂四處亂飛，現場慘不忍睹。有些炸彈在街面上炸出了許多大彈坑，沒被炸傷的行人被四處飛濺的鮮血濺滿了一身，有的被空中飛舞的殘肢斷臂擊倒在地。

14. 日軍在吳淞攻擊中國的客車

　　切斷中國所有運送兵員和補給的運輸，是日本軍官們的預定方案。因此，鐵路是日軍轟炸的重要目標。為完成這一計劃，他們對此造成的人員傷亡毫不在意。日軍常常攻擊那些從城市裏逃難出來的難民，因為他們正好擠坐在火車上。1937 年 10 月 8 日，一輛開往山東的快車被炸。殘酷的日軍戰機從空中俯衝下來，把炸彈丟到火車上。五十多個平民，包括婦女和小孩被炸死。日軍不僅用飛機轟炸，還在行進的火車頂上設置機關槍。把一排排的子彈射向迎面而來的火車和鐵路邊的房屋。甚至，開往孔子故鄉曲阜的火車站也被炸毀了，許多無辜百姓喪命。

15. 女童子軍楊惠敏向堅守四行倉庫的八百壯士獻旗

那是 1937 年 10 月 29 日凌晨，中國軍隊「敢死營」的 150 名壯士（當時指揮戰鬥的謝晉元團長為壯氣勢，稱之為八百壯士。但實際人數不詳，大約四百多名）死守上海四行倉庫，抵禦日軍進攻。一位女童子軍無視四圍的危險狀況，懷中包著一面巨大的中國旗幟，小心翼翼地爬過鐵絲網和沙袋背後的日軍陣地。冒死把這面旗幟送到被圍困的壯士們手中，以替下被戰火打成千瘡百孔的國旗。炮彈和冷槍時時在她周圍炸響。她靠著一條廢棄戰壕的掩護，終於到達了目的地。幾分鐘後，一面嶄新的中國國旗傲然飄揚在倉庫樓頂。事後小姑娘又潛回租界內，人們歡呼著迎接她的歸來，稱讚她做了一件天大的好事。

16 八百壯士死守四行倉庫

　　1937 年秋，中國軍隊從閘北撤退時，著名的八十八師中的一支部隊守在蘇州河畔的一幢倉庫裏，抵禦的日軍包圍。日軍進攻數天，發誓要拿下這支「孤軍」。但是，面對中國人的抵抗都沒有成功。日軍從三面包圍這個倉庫，向這支孤立無援的據點持續進攻。日本炮兵用四門 75 毫米口徑炮，在 100 碼處炮擊，意圖在倉庫後牆打出一個缺口。日軍炮擊的方向正對著公共租界，目標距離很近，似乎不可能打偏。這個營的指揮官在給他的長官寫的絕筆信中寫到：「死，不是一個要緊的問題，我們的犧牲也不會徒然無益的」。這個營就是前面所說的那個童子軍小女孩冒死獻旗的營隊。27 日，日軍再次來攻，被中國士兵擊斃八十多人。蘇州河南岸同胞望見，無不拍掌歡呼。

17. 日機轟炸嘉興孤兒院

　　日軍殺人殺紅了眼睛，他們公然把嘉興的仁愛修道會孤兒院當成了攻擊目標，多次用飛機對它進行轟炸。最終炸毀了孤兒院中六幢大樓，炸死了 86 名年幼的小孩，炸傷好幾位保育員。在那些可怕的日子裏，勇敢的修女們常常領著嚇壞了的孩子們躲進自建的防空洞裏，那簡陋的洞穴就是孩子們的避難所。1937 年 11 月 15 日，一架可恨的日本轟炸機發現了這一目標，用炸彈炸死了 26 個女孩，她們的年齡在 9 至 15 歲之間。另一枚炸彈擊中了嬰兒房，炸死了 60 個小小的嬰兒，炸傷了兩名中國修女。另外 9 名中外修女攜帶 150 名孤兒，乘小船得以逃脫。她們一直逃往內陸，去尋找平靜的地區。留在孤兒院內的所有人員，幾乎全被日機炸死了。

18. 中國士兵會從日軍陣地中心發動進攻

在 1937 年 7 月下旬，中日之間再次在天津開戰，戰鬥中，中國二十六軍和四十軍的戰士們很機智地把武器藏在身上，改穿便衣，滲透到不同的地點。等到發出戰鬥信號的時候，他們已經在日本租界就位。他們注重選位，在戰鬥打響時，會意想不到地從敵人中心開花，以狙擊槍和手榴彈很快就瓦解了敵人防線。中國軍隊的攻擊十分靈活詭詐、攻敵不備，日軍常常一彈未發就被擊退了。很多日本「武士」們連滾帶爬地逃過萬國橋（即解放橋）。

19. 民眾暴力使上海的廢墟變得更加恐怖

　　戰亂中，民眾的暴力行為也使上海添加了很多恐怖。當時，日軍戰機毫無忌憚地俯衝到中國防線，民眾情緒變得極其憤怒。1937 年 8 月 17 日，一群飽受苦難的民眾看到，交易中心外邊有一個日本商人，手裏拿著一個白色的包裹。老百姓認定那是一包毒藥，便一下子衝了過去，把那個日本人打死了。離此不遠，有兩百多個民眾看到一個美籍華人在貴州路上行走，他們便認定他是個日本漢奸。便一擁而上，對他又踢又打，還把他綁了起來。中國巡警站在一邊不加干涉。當民眾要把他在大街上拖死的時候，一隊外國警員衝進人群，把他救了出來。而其中有一個幫著外國警員救人的中國人，竟然差點被同胞們活活打死。

20. 上海先施百貨公司被炸

上海這座城市剛從傷亡慘重的「大世界轟炸慘案」的噩夢中恢復過來，1937 年 8 月 23 日，一次新的轟炸又震撼了上海市中心。一枚炸彈從天而降，掉進上海鬧市中心的百貨商店裏，留下了一幅大屠殺的慘境，令人撐目難忘。數百名婦女和兒童被屠殺。南京路和浙江路十字路口轉角處的先施公司被炸成一片廢墟。轟炸過後的空中，彌漫著嗆人的煙霧。當煙霧漸漸散去之後，現出無數破碎的屍體散落在血泊中。不少忠心的黃包車夫，在等著他們的主人和太太的時候，被無辜炸飛。救護隊員和童子軍們開始運走傷員和屍體，並在著火的廢墟中，尋找幸存者。

21. 日本空軍進攻英國領事車隊

　　1937 年 8 月 26 日，英國大使許閣森爵士正趕往上海參加一個會議。他的車子上插著英國米字旗，以示英國身份。駐華首席武官 W. A. Lovat-Fraser 上校是個出色的駕駛員。他親自駕車，讓中國司機做到後座上。同車的還有大使的私人秘書 W. C. G. Graham 和中國財政部的英方顧問 E. Hall Patch。這輛英國車在無錫路上快速行駛著。突然一架日軍轟炸機飛過大路，向著這輛英國汽車俯衝。車夫匆匆隱蔽，一排子彈射過，大使的肝臟被擊中，倒在座位上。車子轉彎停下時，車上所有人都受了傷。日本方面對這一罪行，以「誤認身份」表示道歉。事後發現，另有 20 架日機把附近的美國奶牛場也給炸毀了，對此，他們不能做出更多的解釋。

22. 上海進行的激烈巷戰

1937 年夏季，中國軍隊的狙擊手慣於隱蔽在上海的大樓和廢墟中，日軍一旦走進射擊距離就挨打。有一次，有人看見一輛日軍裝甲坦克載著 6 個士兵在街道四處游蕩，他們朝著空棄的樓房開炮，想把躲在裏面的中國狙擊手轟出來。一見到有中國人出現，日軍就一陣掃射。還有一些日軍靠著牆邊和樓梯隱蔽，或藏在沙袋的背後，對於中國機槍手所處的交通塔形成包圍。冷血無情的日軍幾乎把那裡打成了馬蜂窩。當然，日軍也不是那麼幸運的，埋伏在高處的中國狙擊手，也讓他們整天提心弔膽。

23. 日軍轟炸機掃蕩上海火車站

　　難民們紛紛乘坐火車，想盡快地逃離上海，躲到安全的地方去。1937 年 8 月 28 日，數百名被戰火嚇壞了的人們，擁擠在上海火車南站，等待火車。此時，有 8 架日軍轟炸機飛到車站上空。在人們毫無預警的情況下，他們向站內手無寸鐵的平民投下了數枚致命的炸彈。炸彈穿過瓦楞鐵的頂棚掉了下來，人們都被炸死並埋在廢墟之下。小小的嬰兒被炸得支離破碎，慘不忍睹。殘肢斷臂在空中亂飛，不少散落在鐵軌上。在死人堆裏，有一個小孩幸存了下來，但他周身布滿傷痕，童子軍對他進行了急救。事後，美、英、法三國政府就其轟炸平民，向日本政府提出強烈抗議。

24. 謝晉元挽救四行孤軍

　　儘管日軍頻繁的攻擊，「四行孤軍」的八百壯士終於以很小的傷亡，在1937年秋天撤離了倉庫陣地。這要歸功於他們勇敢的指揮員謝晉元團長。是他發現，封鎖唯一出口的四挺日軍機槍，都是在同一時間補充彈藥的，他利用這種間隙，指揮士兵從牆邊的一個小洞裏迅速逃到隔壁的商店躲避。當時，日軍使用的兩架探照燈還是手搖式的老款式。當他們停下來讓歇息手臂的時候，部隊就可以利用這一段時間的黑暗逃了出去。這個團長，後來被提升為將軍。

25. 平型關大捷

　　1937 年 9 月 9 日，一支 4000 人的日軍部隊在北平西面的山區，遭遇中國軍隊致命的伏擊，幾被全殲。佯退的中國軍隊把日軍引到迷宮般的山區深處。等在那裡的中國軍隊已經築好了堅不可摧的陣地，他們從山頂居高臨下地打了下來，機槍對著日軍狂掃。日軍被迫向東後撤 5 英里。中國的非正規軍與正規軍協同作戰，把日軍嚇得噤若寒蟬。在平型關戰鬥中，日軍第五師團司令部的情報參謀橋本順正，隨日軍二十一聯隊去前線收集情報，他與四名隨從一起被中國士兵打死。日本軍方出重金，從中國農民手裏買回了他們的屍體和軍章，藉以掩蓋傷亡人數和建制。

26. 日軍轟炸機無恥地侵犯死者

大多數的日軍轟炸都是針對活人的，但是，有時他們為了訓練，竟用炮火侵犯死者的尊嚴。1937 年秋，在南京附近就發生了這樣一件暴行。在一個原本平靜的小村莊裏，有一隊肅穆的喪葬隊伍正往墓地行進。棺材裏躺著的是一個死去的農民，這個農民是在一次日軍轟炸中無辜身亡的。突然，一架日軍轟炸機飛過喪葬隊伍的頭頂，對著那一隊身穿白喪服的人們俯衝轟炸。他們還用機槍對著這隊悲哀痛哭的村民們掃射。走在隊伍前面一個打著靈幡的男子被擊中，當場身亡。

27. 中國防空部隊向轟炸南京電廠的日軍開火

　　1937 年 9 月 25 日，96 架日軍轟炸機用了一整天的時間炸毀南京城。進攻中，有一架日軍飛機向下關電廠俯衝下去，瞬間電廠被兩顆炸彈擊中。目擊者說，那是專家水平的俯衝轟炸。南京全城電力被這次轟炸切斷了。這次轟炸使電廠損失 50 萬元，有 300 多名人員被炸身死。不過，日軍的這次進攻也有很大的損失。中國防空部隊在地面上採取了卓有成效的行動。他們用高射機槍對著成群日軍轟炸機猛烈開火，一共打下了 7 架敵機。其中有一架日機飛行員跳傘逃生，但是，降落傘沒能打開，飛行員從空中墜落，掉在中國地面軍隊的不遠處。沒了飛行員的飛機，從火光衝天的電廠上空劃過，撞入地面，在一團白煙中墜毀。

28. 上海療養院在戰火中疏散傷病人員

　　上海一家療養院位於公共租界以西的虹橋。1937 年 10 月下旬，中國軍隊從閘北撤到新的陣地正在此處。療養院被中國軍隊的戰壕、大炮掩體包圍在中間。療養院的病人和醫護人員不顧危險地留了下來。直到 10 月 29 日，日軍戰機的子彈打到了醫院，院長才決定全體撤離。院部調動了一隊卡車和救護車，一起開到現場，在槍林彈雨中，病人們被送上汽車。傷病人員和醫院必備的醫療設備、藥品，隨即被送到相對比較安全的法租界內。日軍大炮持續炮擊中國軍隊的陣地，當時沒人知道，什麼時候炮彈會擊中醫院的車隊，危險的處境可想而知。

29. 日軍登上南京城門

日軍佔領上海後，沿長江而上進攻當時的中國首都南京。中國軍隊知道日軍的計劃，沿途在戰略要地設置了路障，並緊鎖南京城門。當然，這些措施絲毫無法阻擋日軍轟炸機對南京城的狂轟濫炸。儘管只是暫時的，但也滯延了日軍步兵進程。1937年12月7日，侵略軍的先鋒部隊在城門附近運動，然後，用雲梯搭上了城牆，日本軍隊像中世紀的武士一樣翻過城門。同時火炮就位，準備實施攻擊，給南京裏的人們帶來巨大的不安。日軍的大部隊沿鐵路線迅速接近南京，很快攻克城牆，給這座城市帶來災難。

30. 日機尾隨蔣介石的座機

1937 年 12 月 7 日，日本侵略軍先鋒部隊攻破南京城門，蔣介石委員長及夫人宋美齡決定逃離險境。那天大清早，他們離開南京，乘坐飛機前往一個秘密的地點。當他們所乘的波音飛機剛一起飛，馬上被 6 架日軍戰機發現。日軍戰機感覺到這架清晨起飛的航班有點奇怪，決定追擊。但他們並不知道跟蹤的獵物如此重要。他們瘋狂地追趕這架飛機超過 175 英里。好幾次幾乎被日機追上，當時，大家都認為蔣公必死無疑。沒想到那位智勇雙全的中國飛行員，終於在安慶附近把日軍甩脫了。隨著時間一小時一小時的過去，南京城內的緊張氣氛不斷加劇，大災難一步步靠近。

31. 從戰區四處逃奔的中國難民

　　中日戰爭剛開始的時候，成千上萬的中國平民從恐怖的戰場硝煙中逃了出來。他們離開了自己的家園，留下空棄無用的土地，被侵略者無情地踐踏。有一個中國難民試圖留下一個鍋子，一條被子和一個鳥籠。他們很喜歡那些長著美麗羽毛的寵物。老百姓棄家逃亡，加上軍隊在撤退途中採取「堅壁清野」的政策，造成日軍佔領區一片荒涼。這幅圖畫畫的是我們看到的難民坐船逃離南京，更多的難民早已乘火車逃離了。窮人只靠雙腳逃出南京城，成群結隊的饑民在全國泛濫。

32. 日軍轟炸帆船上的中國軍隊

　　長江是連接上海和南京的水路通道，有 200 多英里長，江上的船隻常常是日軍轟炸機轟炸的目標。1937 年 12 月上旬，日軍戰機對從南京和蕪湖撤下來的中國部隊發動猛烈攻擊。12 月 5 日，當地的民船載有三到五萬中國軍隊，在渡過長江水道時，遭到日機轟炸。日機對著那些帆船俯衝轟炸，造成巨大傷亡。我們看見一隻被炸沉的帆船上，僅有幾個幸存者，他們扒著桅杆，等著船隻救他們上去。其他人員都被燒死、淹死了。僅蕪湖的美國醫院就收治了 100 多名在空襲中受傷、燒傷和淹得半死的受害者。據報導，有兩架中國戰機在驅趕日軍戰機時，被日機擊落。

33. 日軍坦克在南京作戰

　　1937 年 12 月 1 日，中國軍隊的炮火從防守堅固的紫金山上居高臨下向進攻南京的日軍開火。日軍只能用輕型火炮進行攻擊。這時候，日軍的坦克成了攻堅的利器。1937 年 2 月 9 日，日軍坦克參加戰鬥，突破了東南城牆的制高點。日軍坦克載有四名特別訓練的士兵，以汽油為燃料，速度為每小時 15 英里，配有 3 英寸和 37 毫米機槍和 3／4 英寸厚的裝甲。坦克上塗有古怪的條紋的掩護色，用以幫助隱蔽。前面有一大鐵環，以供拖車使用。這些坦克每輛耗資 7 萬 5，與美國的坦克十分類似。

34. 中國軍隊在反擊中使用毒氣

　　當日軍在 1937 年 12 月 10 日下午攻破光華門時，他們遭遇到中國軍隊在大街人口密集的地區的抵抗，進行了最激烈的交火。戰鬥進行了整整一個晚上。清晨，日軍中將秩父宮雍仁親王下令所有部隊總攻。他們頑強推進到中方的陣地，南京守軍發動了自殺式的反擊，用迫擊炮打出了致命的毒氣彈。日軍對毒氣始料不及，窒息的慘叫著撤退。其餘的急忙取出防毒面具，趕在被毒氣窒息前戴上。這是寡不敵眾的中國守軍的一次大膽行動。但是，不久他們的陣地就被日軍炮火攻破。

35. 南京撤退演變為大潰敗

　　1937 年 12 月 12 日，守衛南京的中國守軍的意志突然崩潰了。一開始緩慢有序的撤退，最後演變大潰逃。有一支在城外被日軍猛攻了一整天的一個旅退到城內。憲兵部隊向退縮的士兵開火，打死了六個領頭的。但是，亂兵散佈到全城。很快南京的要道都擠滿了從城外逃進來的中國士兵。他們在街上到處狂奔，扔掉了步槍，脫掉了制服。原本在街上遊蕩的傷兵們被推擠到一邊。他們一起向西面的城門逃竄。其間有許多士兵被自己人打死。

36. 水門成中國人的死亡陷阱

1937 年 12 月 12 日，日軍對南京的包圍網越收越緊，中國士兵被打敗了，所有人都知道，一旦被日軍抓到，攜槍或穿軍服必定是死。撤退的士兵在穿過市區逃跑時，紛紛脫下軍裝。槍械也被拆壞扔掉。水門的沙袋陣地有一個狹窄的出口，卻成為許多人的死亡陷阱！許多人在此跌倒，被擁擠的人群踩踏。也有人被同僚射殺。警衛在水門點上火，試圖阻止他們，但是瘋狂的士兵衝過火焰。河裏的帆船、舢板、快艇都被用上了。但是，許多人因為船隻超載，沉沒淹死。也有人試圖游到浦口，中途多被大浪卷走。

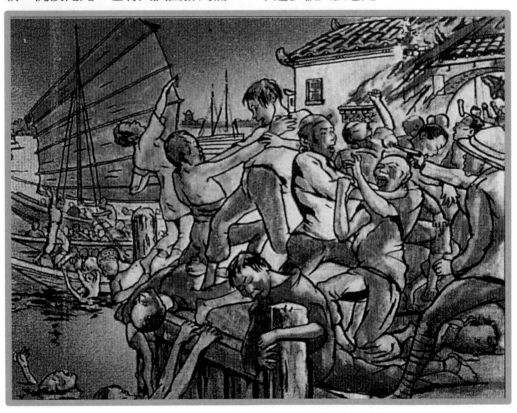

37. 日軍進入南京

　　在南京的中國軍隊騷亂後，日軍的佔領成為南京市民面臨最恐怖的現實。1937年12月13日，日軍宣布攻取這個古都，並公布成立自治政府的計劃。幾天後，12月17日，日陸軍和海軍由松井石根將軍和南軍指揮官秩父宮雍仁親王帶領，在中山門舉行入城式。盛大的儀式與被摧毀的城市形成鮮明對比。日本的膏藥旗驕傲的飄揚在殘垣斷壁之上。日軍列隊前進，市內的日本僑民和世界各地的日本人，都高舉燈籠遊行，以示慶祝。而幸存的中國人則在哀悼他們死去的親人。

38. 南京大屠殺

　　1937 年 12 月 10 日至 18 日，使人無法想像的恐怖在南京發生了。蔣介石委員長不顧專家的建議，將最精銳的部隊留在南京守城。他們想以城毀人亡的戰鬥給日軍最沉重的打擊。日本「華中方面軍」司令官松井石根從空中散發傳單，並下了最後通牒，要中國軍隊撤離，否則這座城市將成為戰爭恐怖的現場。中國部隊的堅決抵抗，是對日軍最後通牒的回答。當城牆被日軍攻破時，最恐怖的事件發生了。有些驚慌失措的中國士兵脫去軍裝，改換百姓的衣服來掩飾自己。結果，野蠻的日軍不辨真偽，見人逃跑便開槍射擊，找到躲在巷子裏的人，就一概打死。就這樣，被俘的士兵連同百姓，五十人一組綁了起來，一一就地處決，屍體遍布街道。一些日軍還組成了搶劫小分隊，在城中截掠空棄的商店。

39. 日軍焚化陣亡的同伴

　　進入現代化的日本本土可供埋葬死者的土地很少，屍體火化是常見做法。在和中國軍隊戰鬥中，成千上百的日本陣亡士兵只能就地埋葬。此時，人的生命便不被看重。圖中所描繪的場景，是在一次大戰之後時常出現的。陣亡的日軍被用柴火焚化，他們的戰友虔誠的向離去的亡靈鞠躬。當屍體漸漸被火苗吞噬之後，新的屍體便會從後面抬上來。這些從遠處抬擔架過來的人，一直在野地裏搜索屍體。過一段時間，再有人來替換他們到焚屍場裏參加葬禮。

40. 青島的炸藥

　　日本在中國最大的投資是建在青島的紡織廠。中國軍人認為，與其讓日本佔領這個富裕的港口，不如玉石俱焚。中國的敢死隊在 1937 年 12 月 31 日前，用了兩個星期的時間，有系統的在日本工廠和住宅裏埋放了炸藥。當中國警察開始炸平城市的時候，不少騷亂者衝進日本商業區，把沒被炸藥炸毀的東西掠奪一空。外國的警備向一些騷亂者開槍示警，但也難以控制局面。中國的軍隊在西面拼死抵抗日軍的推進，爭取時間摧毀這個重要的工業中心。這是中國軍隊「焦土政策」的重要一步。

41. 中國人用手榴彈炸日軍快艇

　　1937 年 12 月 27 日，日軍當局宣布新的規定，抓住在淪陷區騷擾日軍的人一律處死，使局面變得越來越糟。有人看到三個神出鬼沒的人影從蘇州河上浙江路橋走過。當日軍的船經過橋下的時候，上面的人就往載滿日軍的快艇裏扔下幾枚嘶嘶作響的手榴彈。日軍士兵們向擲彈手開槍，但沒有打中。而日軍士兵卻被手榴彈彈片擊中，一人了受重傷。當秘密警察趕到現場時，那幾個人很快就在河邊的人群中消失了。稍後，在馬路上巡邏的日軍士兵也被中國人炸了。有幾個嫌疑人被捕後，被拖到日軍總部。

42. 炸毀汶河鐵路橋

　　當日本軍隊在長距離的戰線上推進，要降服中國的時候，中國軍隊實施「焦土政策」，毀壞所有對日軍有價值的東西。1938 年 1 月 2 日，當侵略者攻佔天津的時候，撤退的中國軍隊炸毀了橫跨汶河的大橋。三個中國工程師乘坐一隻小舟，將炸藥埋放在橋拱之下。等他們劃到安全的距離後，爆破組從岸上引爆，並且觀察毀壞程度。一列開過來的火車差一點開到炸壞的鐵軌上。炸橋完成後，中國軍隊從天津撤出，在塘沽設置新的防線。身在廣州的政府官員宣稱，寧可炸毀這個人口聚集的港口，也決不向日本投降。

43. 中國轟炸機掃蕩日本空軍基地

　　1938 年 1 月 3 日，中國空軍打出了新的保衛戰役的第一拳，閃電式掃蕩了日本在南京的空軍基地。這個在清晨發動的攻擊，是經過精心安排的。日本飛機還沒來得及起飛應戰就被炸毀，好幾個資深飛行員被流彈嚴重擊傷。這次掃蕩是蔣介石將軍從文職退下來，專心抗擊日本侵略者之後的首次決定性行動。

44. 蔣介石和夫人一起為飛行員授勳

　　1938 年 1 月 3 日下午，蔣介石委員長為在戰鬥中擊落至少一架日機的飛行員授勳。他的夫人宋美齡時任空軍秘書長，則授命為擊落至少五架日機的飛行員授勳。四十位中國飛行員在元帥的指揮總部前，列隊接受最高軍事長官的嘉獎。作為航空部隊的首長，蔣夫人對他的優秀的飛行員表示由衷地感謝。中國的飛行員以優異的戰績，證明自己是共和國軍隊的強大支柱。聖誕節的時候，中國又接收了一批從俄國飛來的最先進的戰機。稍後，一隻強大的中國的「外國空軍隊」成立了。據報導，其中有美國、俄國、英國和法國的志願者加入了這支隊伍。

45. 日本工程兵正在架設浮橋

　　日本軍隊架浮橋的知識，在戰場上常常為他們爭取到出奇制勝的優勢。浮橋可以使部隊毫無困難的過河。這種浮橋的架設是從一艘拋錨在岸邊不遠的梁船開始，士兵們可以快速的、一段一段的進行組裝。這個程序反覆進行，一直把橋到對岸。圖片展示的是，日軍工程部隊在安徽某地正在快速搭建一條浮橋，大部隊就等在岸邊。經驗豐富的游泳手幫助將浮橋定位。前方的士兵拿著繩子正要固定梁船。而划船的士兵則把下一段段的浮橋，一直送到前方。

46. 中國女兵在行軍

　　1938 年 1 月 10 日，廣西女子營經過 600 英里的長途行軍，到達漢口。她們扛著步槍，身著普通的軍裝，背著 50 磅的背包，健步行進在漢口的大街上。軍樂隊和旗手走在前面。這個營是由 150 個經過挑選的勇敢、健壯、聰明、槍法好的年輕女性組成。它們主要的任務是在小鎮和村莊中巡迴演講，激勵民眾的愛國精神、團結起來，抵抗侵略。這些女兵受過射擊訓練，也可以參加戰鬥。她們的使命是非常嚴肅的，她們相信抗日衛國不僅是男人的責任，也是女人的責任。一個勇敢的女孩在回答記者提問，是不是害怕日本人時，她們說：「我們不怕死，更不怕日本人。」

47. 日機低空飛行掃射中國陣地

　　1938 年 2 月，日軍展開一個新的進攻戰役，要阻斷中國隴海鐵路大動脈，控制十萬平方英里的中部地區。一百架日軍戰機飛過大半中國，在一些重要目標上扔擲炸彈，並在一些中國陣地上方低空掃射。在 2 月 9 日，中、日兩軍炮戰的時候，一架日軍低空飛機把一隊剛剛抵達炮兵陣地的守軍打散了。驚慌之中，中國軍隊向日機開槍，但被敵機先一步射中致命。這個攻勢的目的，是要在意志堅決的中國戰士中製造恐慌，但是恰恰相反，這一行動反而激發了中國軍隊抗日的決心。

48. 飢餓的孩子們

被戰火掃蕩的中國地區一片慘景，主要是缺乏食物。1937年深秋的上海，很多小孩子坐在街邊，等著路邊樹上的葉子掉下來。一簇樹葉還沒著地，餓慌的小孩跑到馬路上把它撿起來，全然不顧來往的車輛！這些孩子四處游蕩，搜集各種能吃的東西。鐵路沿線的一個苗圃被他們掃蕩一空。這些孩子無法長期吃這樣的食物。成百上千的孩子死於飢寒。在短短的四個月裏，上海的街頭就收殮了四萬具屍體，其中七成是小孩！

49. 戰爭中的受害者

　　戰爭是殘酷的屠場和文明的毀滅者。日本對中國的不宣而戰更是可怕，他們一片一片地搗毀無辜者的家庭、殺害手無寸鐵的婦女和孩童。一座一座的城市被炸毀，街道上的屍體堆積如山。平靜的農場被轟炸，沒有反抗之力的村民被屠殺，或從家裏的火爐邊抓走。他們沒有了住處，沒有了食物，也沒有了希望。很多帶著簡單的行囊的逃難者，帶著失去親人的悲傷，在一片混亂的鄉間游蕩，一個個目光癡滯、情緒低落。如果戰爭不能停止，他們會變成什麼樣子？中國會變成什麼樣子？世界會變成什麼樣子？美國人對戰爭的極端厭惡，很大程度是建立在對現代戰爭真實現狀的盲然無知。再寫真的圖畫也無法展現戰爭的恐怖和醜惡。圖畫也許可以畫出破壞和大屠殺的場景，但它很難記錄人的哀痛和悲傷。

50. 中國的防空警報

　　中國各地的城市都處在空襲的危險下，因此挖掘了成百上千個防空洞，用來保護市民。許多古鐘從廟宇裏搬出來，掛在街上。日本轟炸機來的時候，警察就敲鐘示警。防空洞有各式各樣，高級的蘇聯防空洞十分豪華，供電、供暖，還配有圖書館和小酒吧。還有不計其數挖在馬路下的「恐洞」，轟炸機飛臨時，就可馬上使用。圖片所繪的是，驚恐的南京市民正在逃往建在民居區裏的一個簡陋的防空洞。敲鐘的警察一臉慌張，電臺廣播也在指示市民晚上熄燈。

51. 蔣經國與紅軍一起抗日

　　1937 年 12 月 22 日，與蔣介石關係疏遠的兒子蔣經國，與他的父親和好，並率領一支 10 萬人的隊伍挺進山西省，幫助朱德率領的前紅軍部隊共同抗日。年輕的蔣經國有他父親的將才，同時又受到紅軍的尊敬，十分勝任這個位子。外蒙的軍力有 50 萬之眾，過去經常應召在北方剿匪。此時，當地不抗日的土匪頭子都被殺掉，並把他們的首級被懸掛高竿，以警告匪眾。中國的軍事領導人們認為小蔣的部隊，一定會給日軍造成威脅。

52. 日本空軍轟炸廣州

　　1937 年 12 月 30 日，在開戰以來最猛烈的空襲中，三十架日軍戰機轟炸廣州市區的工廠、學校、住宅密集區。二十多棟房屋被炸毀，其中包括華美學校，一間商業大學和一間女子學校。兩間被炸的學校是美國人建立和管理的。兩輛公交車遭機槍掃射，數名平民乘客受傷，其中一輛公家車失控，衝出馬路，撞了一群驚慌失措的學生。一些炸彈炸中了中山紀念堂，兵工廠和政府工業區。1938 年 1 月 1 日，日軍戰機再次轟炸這一地區，在民眾和政府官員中造成極大混亂，以至於傷亡報告也沒有整理出來。

53. 美國飛行員幫助中國空戰被擊落

第一位在中日戰爭中被擊落的美國飛行員是德州高夫斯鎮（Galveston）的 Frederick Kreusberg。他服役於中國空軍，在 1938 年 1 月的一次保衛漢口的空戰中陣亡。年輕的 Kreusberg 向來以大膽的飛行聞名。當他報名參加剛成立的中國空軍時，他的朋友們並不覺得驚奇。在他的最後一次空戰中，他勇敢的衝進密集的日軍機群，毫不在意日機的數量。他的飛機被機槍子彈打得千瘡百孔，在漢口北面 15 英里處墜毀。他於 1938 年 1 月 7 日葬在漢口國際公墓，自願地成為這場戰爭的犧牲品。

54. 日本海軍兵不血刃奪取青島

　　1938 年 1 月 10，日本海軍不費一槍一彈佔領了中國北方重鎮青島。一隊日本海軍部隊先在離青島八英里的沙子口登陸，接著又有五艘驅逐艦泊於岸邊。日軍布置巡邏部隊將日本國旗升起。四十年前，青島第一次向外國勢力投降時，就是在這座山上升起了德國皇家旗幟。從那時起，青島幾乎就是德國、日本的殖民地。中國軍隊用來迎接日本海軍的是，在撤離前炸毀了日本紗廠。

55. 日本飛機轟炸黃河大橋

　　1938 年 2 月上旬，日本空軍前鋒部隊轟炸了著名的黃河大橋，阻礙中國軍隊撤退。黃河大橋是中國最長的鋼鐵大橋，但是由於道路斷絕，日軍工程部隊也只能靠搭建浮橋來運送物資和部隊。2 月 14 日黃河大橋被炸時，正在河中捕魚的漁民成了無辜的犧牲者。他們那些小舢板被飛來的鋼筋鐵條打得粉碎，漁民的屍體被拋到結冰的河水當中。

56. 中國的女學生參加戰鬥服務隊

　　1938 年 2 月，超過兩萬名 15 歲以上的在校女生，參加了中國軍隊的志願者隊伍。這些女孩子接受和男孩子一樣的嚴格訓練，身穿常規制服並使用各式武器。圖片所繪的是她們在河南省集訓營接受訓練。在軍官嚴格的監督下，學習如何用正確的方法抬送傷員，如何從戰場上搜索陣亡士兵。這些女學生在結束訓練後，主要任務是幫助疏散難民，救治傷員和其他類似的特別任務。每個月都有成隊的年輕女子畢業，投入戰地服務，並發給她們頭盔和防毒面具。

57. 中國轟炸機轟炸當時的日本領土臺灣

　　1938 年 2 月 23 日，40 架中國轟炸機首次轟炸日本領土，造成時稱福爾摩莎的臺灣的許多平民傷亡。轟炸機於早上 11 點在臺北向日軍空軍基地扔下炸彈。轟炸機飛得很高，防空炮火無法打到他們，但是，也因此導致炸彈偏離目標，造成婦女和兒童的傷亡。一小時後，轟炸機群又轟炸了新竹。十顆炸彈被丟在竹東縣，多名平民被炸死。轟炸機群毫髮無損地返航。臺灣在中國東南沿海 120 英里處，它是在中日甲午海戰以後，被日本奪去的。

58. 日本恐怖分子用「砍下來的人手」警告報社

日軍佔領上海時期,日本恐怖分子和中國的反抗者讓上海軍警疲於奔命。日本士兵經常受到中國反抗者的攻擊,而中國人的報社始終處於日本恐怖分子的威脅之下。1938 年 3 月 1 日,有一個送信的人拿著一個大包裹來到大美晚報(美國人辦的上海晚報的中文版)的辦公室。他把包裹丟在編輯的桌上,轉身就跑。一個軍警早就對他產生懷疑,一路盯梢跟他到了報社。這時,軍警就把他攔下。打開包裹一看,裏邊裝的都是被斬下來的人手,還有一張警告抗日分子的字條。這個報社之前,曾遭到炸彈襲擊。這次的警告,相信是同一夥日本恐怖組織所為。

59. 中國軍隊隱蔽在雨傘之下

　　中國可折疊的雨傘，在戰時成為中國士兵反擊日軍的一種重要裝備。他們認為有時雨傘比步槍還寶貴。在戰場上，這些雨傘有了特殊的用途，中國軍隊認識到在現代化武器面前，隱蔽自己是極其重要的。這張圖片畫的是 1937 年秋天，烈日當頭，29 軍的一位士兵藏在在大傘之下，既能隱蔽自己，同時也能遮陽。這些雨傘被染成綠色，在日軍的空中偵察下，用於隱蔽尤其有用。

60. 中國的假戰機成為日軍的誘餌

　　「要是能用假飛機吸引日軍轟炸機的炸彈，為什麼要浪費真飛機哪？」這句話成為中國軍隊在抗擊日本侵略戰爭中的一種思路。1938 初，一位在南昌的美國飛機技師說：「他們讓中國的木匠們在空軍基地製作了許多木頭飛機。在黃昏的時候，中國軍人把假飛機擺在看上去好像停機坪的場地上。第二天，日本飛機飛過來，就把它們炸飛了。這樣，就讓日本人浪費一大堆炸彈！」中國木匠們還生產仿真的坦克，經過小心的偽裝，同樣可以用來浪費日軍的彈藥。日本曾經對這種用假裝備誘敵的做法，提出強烈的抗議。

61. 飢餓的狗逐食死人的遺體

　　到了 1938 年 1 月 5 日的時候，上海和南京之間的三角洲，已經被摧毀成一片廢墟。環顧這片被戰爭蹂躪的地區，人們只能看到了無盡頭的災荒。成片的房屋在炮火中熊熊燃燒，未收割的莊稼在農田裏爛掉。在一派絕望、恐怖的廢墟中，唯一的生命跡象是食腐的大鳥，它們被死亡的氣息吸引過來。還有成群的餓狗，它們唯一的食物就是廢墟中四處散落的死屍。中國人四處逃難，成千上萬地死於異鄉，幾乎無一幸存。

62. 暴風雪阻止軍事行動

　　1938 年 1 月，一場不同尋常的暴風雪，使中國戰區的部隊行進變得十分困難。暴風雪阻止了大多數的軍事行動。此時，中國部隊在長江流域和上海南面沿海地區有些微小的勝利。這些勝利多是由於惡劣的氣候，使日軍飛機無法執行轟炸任務。這幀圖片展示暴風雪中，一團的日軍在南京西北 55 英里外的地方紮營，幾個士兵在煮午飯的營火前取暖。部隊攜帶的行軍棚支起來遮風擋雪。儘管有毛毯遮蓋，嚴寒天氣還是讓很多軍馬遭罪。

63. 日軍將軍中埋伏而被擊斃

　　1938 年 2 月，一隊進攻通往隴海走廊的日軍側翼部隊，被中國軍隊的手榴彈和刺刀擋住去路。日本少將中島和 40 名官兵中了埋伏，被中國機動部隊在天津—浦口鐵路前線附近擊斃。中國軍隊埋伏在亂石堆後，等著上將和他的隨扈帶領的日軍接近，一旦進入射程，就被隱藏在岩石背後的機槍殲滅。兩天以後，日本宣布召回三名最高指揮官。原因是他們違背紀律，遭到中國軍隊的抗擊。

64. 中國游擊隊搗毀運輸列車

　　當日本軍隊向隴海鐵路周邊地區推進的時候，日軍總部向他們的指揮官發出了警告。在 1938 年 2 月的最後一個星期，沿天津—浦口一線數英里的鐵路，遭到中國游擊隊的破壞，一列運送日軍軍需的火軍被毀，丟失了全部供給。這是中國游擊隊兒童團的功績，是他們事先發現了這輛由日軍護送的火車，馬上把消息傳送給藏在山裏的游擊隊。游擊隊便用鎬釬撬開了鐵軌，在被破壞的鐵軌下堆了一堆爛木頭。當那列火車開到時，就脫軌翻覆了。對日軍而言，這次破壞造成了巨大的損失和傷亡。而對中國人來說，他們的軍隊由此獲得了豐厚的戰利品。

65. 中國紅軍渡過冰河順利撤退

　　1938 年 3 月 2 日，日軍在山西寶雞奇襲了一支由八千人組成的中國共產黨的軍隊。日軍指揮官吹噓說，在戰鬥中，中國軍隊傷亡數千，士氣低落，潰不成軍，一路把中國軍隊趕到了冰封的黃河。中國軍隊被迫向西渡過激流，退到中國紅軍的根據地陝西省。在撤退中，他們的小船在布滿漩渦和冰塊的河中傾覆，許多士兵淹死，大約有六百人死於戰場。據說，日軍推進之快，要靠飛機給突前部隊運送給養。

66. 誘向死亡的音樂

　　在南京以北強行推進的日軍，在絕望的戰鬥中，使用一種新式的戰術誘惑中國游擊隊踏進死亡的陷阱。1938 年 3 月初，日軍始終被閃擊的中國游擊隊擊敗而遭受損失。一個日本兵從集中營拿來一個留聲機，把它藏在草叢中，再配上一隊機槍。受到這種奇怪而誘人的「花生販售機」和「阿卜杜拉－卜卜王」的歌聲吸引，好奇的中國士兵放鬆了警惕，跑到放出音樂的地方，結果就被一串子彈打死。偶而會有一個游擊隊員奇蹟般的穿過火線和敵人展開激烈的肉搏戰。這種邪惡的戰術實在可怕。

67. 中國軍隊炸堤放洪水淹日軍

　　1938 年 3 月 9 日，中國軍隊炸開黃河大堤，期望用洪水阻止日軍向黃河以南推進。當時，恰有九百名日軍和 20 輛坦克在河南鄭州以西 25 英里處渡河。滔天的洪水淹沒了廣大農村的土地，但也有效地阻擋了日軍。正在渡河的日軍很多官兵被淹死，不少坦克被沖翻。使這支侵略軍的幾百名士兵陷於危險境地。此時，數以千計的中國軍隊趁日軍驚恐之際，將他們逼回黃河對岸。

68. 日軍用機槍掃射外國空軍飛行員

1938 年 3 月 15 日，日軍宣布俘虜了一個協助中國作戰的俄國飛行員。與此同時，日本戰爭頭子給日軍飛行員下達了一道命令，命令機槍手可以掃射試圖跳傘逃生的「敵軍飛行員」。說明日軍對外國飛機員參加中國空軍的擔心。這次與日軍的遭遇戰發生在長江的燕湖。一架由俄國飛行員駕駛的中國飛機在一場亂戰中被擊中，其中一個蘇聯飛行員跳傘後安全著地。另兩個飛行員被燒死。中國方面聲稱，自開展以來，共有 27 名日本空軍飛行員被擊斃，422 名被擊傷，20 名被俘虜。

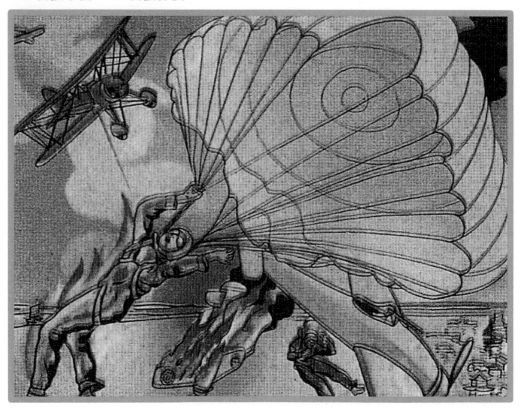

69. 日軍焚燒死人的屍體

　　戰爭沒有給悼念死者留下太多時間。處理屍體被看作是轟炸或戰鬥結束後麻煩的一件後事，需要盡快處理掉，以免腐爛及傳播疾病。儘管中國人相信土葬，但是，這種傳統的葬禮在戰時是被忽視的。這幅圖畫展示了一個中國農民的屍體，他在 1937 年秋逃往公共租界安全區時，遭到日軍轟炸而斃命。他的妻子逃過了轟炸活了下來，卻眼睜睜的看著她丈夫的屍體，被日軍澆上煤油而焚燒。她哭泣地跪在親人燒著的遺體前，是那樣的無奈和悲痛。

70. 香港修建新工事

1938 年 1 月，香港殖民當局擔心日軍向香港延伸，於是，加強工事的修建。工程浩大，以至於和新加坡一起成為「東方的直布羅陀」。海軍、工程部隊、技術人員和工人們，全天 24 小時工作，完成這個投資 4 千萬元的海港、陸地和空中防衛工事。安裝了數百個探照燈，用來搜索空中來襲者。空襲和斷電的演習十分頻繁，用以訓練居民在遭到空襲是如何保護自己。疏忽大意沒有熄燈的居民，將被罰款 1 千元。圖片展示的是防空陣地的一段，俯瞰著香港的碼頭。

71. 醉酒的士兵殺死中國村民

　　1938 年 1 月 15 日，一個日軍士兵喝醉了之後，搖頭晃腦地來到虹橋高爾夫球場附近的一個村莊裏，還要喝酒。當他的要求被人拒絕後，就把怒氣撒在屋前的三個老農身上，他用手槍打死了這三個無辜的人。接著，他又晃到了高爾夫球場，打死了一個中國球童，還有他的媽媽和爺爺。之後，他又打傷了另外兩個中國人。就在不遠處，還有兩個喝多了的日本士兵，用槍托暴打了一個中國的園藝工人，並且開槍把他打傷。這件事，被新聞界披露之後，導致日本當局對此事進行調查。

72. 日軍轟炸徐州的鐵路

1938 年 1 月 24 日，一隊日軍重型轟炸機轟炸了中國軍隊的徐州防線。該防線是蔣介石在東西隴海鐵路幹線設置的重要陣地。因為它的戰略位置十分重要，而成為日軍重點攻擊的目標。在轟炸中，中國的火車站、車廂和附近駐軍的陣地都被摧毀。圖片中展示了一節車廂被剛丟下來的炸彈炸開，裏面的食物散在地上，很多人當場喪命。遠處為驅魔而修建的寶塔，雖然躲過了這次轟炸，卻沒能保住這座城市。同時，日軍部隊更猛烈地向徐州推進。

73. 逃難者在死亡面前尋找生路

　　飢餓是不知體面和害怕的。1937 年冬，從郊區湧進上海的農民兩手空空、一無所有。他們拖兒帶女、衣衫襤褸，只求一餐果腹。他們中很多人在家中的土地上還有尚未收割的糧食，但現在只能在城市的垃圾堆裏尋找食物。一瓣橘子或一片面包皮，或能使他們挨過一天而不致餓死。但是，四圍都是腐爛的東西，和中國軍隊逃離上海時留下的尚未引爆的炸彈。「我們實在太餓了！」小孩子們啼哭著說。可憐的母親們四處想辦法來滿足孩子們可憐的要求。

74. 中國的騎兵衝擊日軍駐地

　　1938 年 1 月 25 日，中國軍隊的指揮官報告，他們在阻止日軍將中國中部和北部淪陷區連成一片的戰鬥中，取得了進展，中國軍隊已推進到山東濟寧。濟寧在一星期前淪陷。在濟寧，中國騎兵實施戰略行動包圍了日軍守軍，切斷了他們之間的聯繫。騎術高超的中國騎兵衝進日軍營地，四處射擊，給日軍造成很大傷亡。

75. 手持紅纓槍的農民進攻日軍

　　1938 年 3 月，日軍要進攻隴海線側翼的共產黨游擊隊根據地。但是，當他們推進到隴海走廊時，遭到了游擊隊的阻擾。這些游擊隊武裝，包括沒有受過訓練的農民，甚至土匪的隊伍，他們手中只有棒槌和紅纓槍，也缺乏軍事訓練。但是他們十分勇敢，不怕犧牲。由於他們頑強的抵抗，日軍一直未能突破位於徐州以南約 60 英里的固鎮。日軍不得不調動新的部隊，以加強南向的攻勢。

76. 中國大學逃離戰火

　　中國文化和高等教育機構因戰火被轉移到相對安全的內地。超過 7 所大專院校因戰火停課。很多大學合併師資和設備，轉移到一些內地城市重新開課。1938 年 3 月 18 日，兩位美國教授領著 1500 名學生進入傷寒和土匪遍布的嵊泗（音譯）山區，尋找一片遠離戰火的淨土，重開西安大學。這隊人由一位柏林奧運會體操隊隊員和南達科他州的 Jack Caton 帶領，由寶雞步行出發。隊伍中有清華、北大等三所北平大學的 200 名女生。他們要去的目的地是四川邊境的漢中。

77. 日軍騎兵被中國軍隊擊退

　　1938 年 3 月 21 日，日軍一隊騎兵試圖通過大運河，到達徐州以北 18 英里的運河南岸。他們在火炮部隊的掩護下騎馬過河。但是，儘管日軍的炮火異常猛烈，堅守沿岸的中國軍隊，用機槍和步槍毫不留情地把日軍騎兵趕了回去。這是一場十分血腥的戰鬥，許多戰馬和騎兵被擊斃。還有不少騎兵被激流沖到下游淹死。在一段時間內，日軍一直試圖推進到徐州。但只有山東南面的韓莊，落入日軍手中。

78. 日軍在城牆下被阡滅

　　1938 年 3 月底，偉大的中國軍隊在中部的艱苦戰鬥中逼退日軍。在臨沂外 2 英里的一場戰鬥中，日軍在中國軍隊的打擊下，後退到 30 英里外的一個基地裏。當他們到了古城臺兒莊的時候，3 百名日軍在城牆下挖了一個地道直達城門。但是不多久，這個地道就被城裏的中國軍隊發現了，經過兩個小時的肉搏戰，他們就把從地道鑽過來的日軍全部消滅。使日軍的反擊無功而返，日軍在這一地區的攻勢也就停滯不前了。結果是中國軍隊向北快速推進，日軍只得步步退縮。

79. 蔣介石在指揮戰鬥

　　在日軍指揮官在新鄉集中軍力向鄭州推進的時候，蔣介石委員長正在黃河前線的鄭州親自指揮部隊反擊。中國軍隊聲稱，除了盤踞在封丘的日軍憑藉防守工事頑抗外，其他地方的日軍已被逼退到黃河北岸。1938 年 4 月 2 日，國民黨召開臨時全國代表大會，委員長被授予「總裁」頭銜和指揮抗日的人權。通過這一授權，蔣介石把自己放到了一個與希特勒和墨索里尼相同的位置上，儘管還有一些權利仍然受到限制。

80. 配備兩棲坦克的中國機動部隊

儘管 1938 年 4 月上旬，中、日兩軍都聲稱控制了臺兒莊，但國際軍事專家更相信中國的報導。4 月 4 日中國在奪回臺兒莊時表示，戰鬥的勝利證明他們的機械化部隊是卓有成效的，而且優於「老式」的日軍坦克。圖片展示了中國兩棲坦克在大運河下水。這些會游泳的坦克，能在水中和陸地上開動，並且偽裝極佳，使日方很難從空中發現。與坦克配合戰鬥的還有一隊隊的摩托部隊，配有手槍、頭盔、護目鏡和擋風玻璃，特別現代化。

81. 漢奸賣國投靠日軍

　　1937 年秋，上海淪陷以後，日軍向蘇州推進。蘇州位於「興登堡防線」般的防守陣地後方，有迷宮般的河、湖、港、汉進行掩護。但是，當日軍來到湖邊時，卻遇見手持日本國旗的民眾向他們兜售船隻和帆船。這些中國人的叛國行徑，幫助了日軍戰勝了當地的守軍，攻取了蘇州。12 月，日軍又攻取了南京。於是，日軍便想把中國北方和上海、南京地區合併。只有徐州作為防守漢口的關鍵，一直抵禦著日軍無數次的進攻。

82. 中國的地下特工在南京被日寇處死

　　儘管古都南京在 1937 年 12 月落入日軍的控制，這座城市遠遠沒有平靜下來。在中國軍隊於北方取得勝利的鼓勵下，南京和其他許多日軍控制城市中的中國地下特工恢復了戰鬥，他們時時伏擊日本佔領軍。清晨，是這些中國特工最活躍的時候，他們隨時扔一顆手榴彈，或是打一冷槍，便迅速逃離現場。但是，一旦被日軍發現，他們會被按在地上，搜出武器。然後帶到附近的牆邊排成一隊，由日軍槍決隊就地槍決。圖片所繪的是一群仇日分子被槍決時的情況。從他們消瘦的體形來看，顯然是食物缺乏。營養不良。但是，中國人的生活一尚是艱難的，他們有堅強的信念，坦然的面對故人的槍決，無怨無悔。

83. 中國空軍炸毀浮橋困住日軍

　　1938 年 2 月，中國軍人穩健地沿著隴海鐵路向南推進，直到距彭浦數英里的地方，給日軍造成很大傷亡。2 月 18 日，一些由外國志願者駕駛的中國飛機飛臨彭浦，炸毀了日軍架在河上的浮橋，困住了數百名日軍。新式的戰機向逃跑的日軍部隊俯衝掃射，炸彈炸飛了橋板，炸死了士兵。猛烈的轟炸中，一萬名正在渡淮河的日軍部隊中，有 3000 名士兵被擊斃，其餘的倉皇撤退。

84. 日軍燒毀中國人的家園

　　當部隊準備戰鬥時，道路必須立即清空。當一個小房子擋住道路時，沒有人會停下來問「這是誰的家？」通信線也必須保持順暢。要是飛機轟炸沒能完全清除任務，步兵便用徹底「燒光」來補救。圖片描繪了山東省南部的村鎮，在日軍 1938 年 4 月攻勢中被破壞的景象。一個可憐的農婦呆呆地眼看著日寇在燒毀她最寶貴的財產。

85. 日軍在戰線後方的「消毒聚會」

個人衛生始終是戰線前方士兵了們頭痛的問題。戰鬥中洗澡是不可能的，不講衛生的懶漢會成為蝨子的獵物。在日軍中，這個問題在流行的歌曲中很快就表現出來。歌曲名稱是《蝨子小夜曲》，歌詞大意是：「坐在營火邊我想著你；我知道你也在想我……因為你這樣告訴我！這片廣大的土地日漸荒涼稀薄；只有你越來越胖……幸運的蝨子！」從前線回來的士兵，最想要的就是洗一個熱水澡。把油桶放在火炭上就成為令人滿意的浴缸。它可以煮水，又可以當個大澡盆。

86. 中國空軍的輝煌勝利

　　1938 年 2 月 8 日，中國空軍在臨時首都漢口外圍，擊落了 5 架日軍戰機，造就開戰以來最輝煌的勝利。一隊快速的蘇製戰機在雲中對著日軍轟炸機交火。30 架中國戰機同時向數量相等的敵機攻擊，且以優秀的飛行技術，打散了日機隊形。沒被擊落的日機，被趕離漢口。中國軍隊力保首都附近沒有日軍的決心，是毋庸置疑的！圖片上展示一架快速的中國飛機像老鷹一樣衝向一架日機。另兩架日機迅速逃離。一名日軍飛行員選擇棄機跳傘，寧願當俘虜也不願被打死。

87. 大刀和刺刀在血腥的戰鬥中對決

　　1938 年 4 月 1 日，日軍成功地推進臺兒莊，徐州危急，一場血腥的肉搏戰在臺兒莊展開。臺兒莊的戰鬥是整個會戰中最典型的一幕。雙方的戰線多處被沖斷，中國軍隊和日軍部隊相互攪在一起，各自為戰。約有 1 萬人的中國軍隊是使用傳統的大刀片，與當數量用刺刀的日軍展開了肉搏戰。雙方死傷異常慘重。

88. 滬江大學校長被槍手打死

1938 年 4 月 7 日，美國資助的滬江大學校長劉湛恩博士，在公共租界街頭被一個搶手射殺。槍擊發生在劉博士和他妻子正要登上一輛公交車時。車上的一名英國探員向槍手開槍，打中其中一名。另一名槍手被公共租界警察抓住，聲稱自己是被人雇傭來暗殺劉博士的，因為這個劉博士是漢奸。而劉博士的一個朋友說，他是一直支持抗日的，也一直擔心暴力事件的出現，但是，他又拒絕躲到安全的地方。他說「我相信上帝，遵循他的旨意」。劉博士畢業於美國哥倫比亞大學和芝加哥大學，他在世界各地都有很多朋友，在美國也是非常有名的人物。他的妻子在襲擊中沒有受傷。

89. 蓮花池中的死屍

　　隨著 1938 年 4 月上旬一次成功的反擊，中國軍隊重新佔領了大運河上的戰略要地臺兒莊。日軍處於絕對劣勢，許多士兵被俘虜。雙方傷亡都很大。現在這座如畫般的小城市已經被完全摧毀，每棟房子都在燃燒。街道上浸透了血水，水池中也滿是中國和日本軍人的屍體。屍體中，甚至還會見到陷於交火中的女人和小孩們痛苦扭曲的遺體，而今都靜靜的躺在那裡。美麗與恐怖，生命與死亡，交織摻雜在一起。圖中展示了一個當地官員私人的花園池塘，現在成了一塊可悲的荒地。

90. 日軍飛機轟炸廣州軍服廠

　　1938 年 4 月 10 日，日本海軍飛機飛臨廣州，轟炸市中心的一家軍服廠，導致約 700 名中國工人死傷。日軍飛機是在早上 10：30 的時候，在紡織廠上空出現，並俯衝轟炸的。燃燒彈直接命中工廠的車間屋頂，此時，工廠裏有約一千多名職工正在上班，其中很大一部分是忙著縫紉的女人和小孩。一瞬間，大樓就成了火海。其他的炸彈均落在街上，也造成許多路人傷亡。直到午夜，人們從燃燒的廢墟中，搬出了 200 多具屍體。另有 100 多人失蹤。

91. 廣州人在棺材前上街遊行

　　1938 年 4 月 10 日，日軍在廣州的空襲，並沒有阻止人們當晚慶祝中國軍隊在山東南部獲勝的提燈大遊行。無數燒焦的屍體放在打開的棺材裏，擺在工廠附近的路邊，供親友們辨認。這些，並沒有打消遊行隊伍慶祝勝利的熱情。許多棺材上貼著標語「看完這些死屍後，你怎麼看日本人？」一個日軍在上海的發言人說：「中國人只剩下一件武器，那就是宣傳」。中國廣東省主席吳鐵城發表聲明，指責日軍因為在山東的戰敗而對廣州實施恐怖主義。他告誡人們，要隨時警惕，日本飛機會在更多的平民區實施轟炸。

92. 日軍燒毀村莊要趕出游擊隊

　　1938 年春，游擊戰爭愈加頻繁地證明了是抗日的一種有效的方法，它對日軍造成持續的威脅。勇猛的游擊隊常常騷擾行進中的日軍和他們駐地、以及通訊中心。4 月上旬，離上海僅 15 英里的郊區，活動著的中國游擊隊伏擊了一輛載有日軍官兵的卡車，打死了日本佔領軍多人，並燒毀了他們的卡車。日寇為了找到游擊隊的藏身之處，把從松江到嘉興一帶所有小村莊都燒了。他們在房子澆上火油，然後點著，一家接一家，一個不漏，直到將所有可能的藏身之處全被鏟平，藉以趕出游擊隊。

93. 日軍在北京組織大規模的慶典遊行

　　1937 年 12 月 15 日，日軍攻佔南京後不久，日軍在北京組織大規模的慶典，宣布在北平成立新的中國政府。會場中的日本膏藥旗與原中華民國使用的五色旗混雜在一起，在空中飄揚。一隊由 50 匹駱駝載著身穿黃袍的蒙古喇嘛，為遊行添加了奇異的色彩。大約有 3 萬名學生在故宮入口處集合，由官員帶領著遊行喝彩。幾百名日本小孩坐著觀光車遊覽北平城，而中國的學童則在遊行隊伍中步行。「慶典」結束之後，許多旗幟被撕爛，扔在遊行街道邊旁的地溝裏。1938 年 1 月，日軍又宣布了接管山東省的計劃。

94. 日軍轟炸機空襲泰山

　　1938 年 1 月 1 日，日本轟炸機隊在驅趕中國軍隊的過程中，完成了一個持續三天轟炸重點城市的攻勢。這是攻佔南京以來，破壞最嚴重的一次掃蕩。在北方，一隊日軍重型轟炸機飛臨泰山，在泰安扔下了炸彈。這些炸彈是燃燒彈，把許多有歷史意義廟宇變成火海，給如畫般的城市造成極度的破壞。圖片所示夜晚的泰安，遠處是著名的泰山。成群的民眾逃往防空洞。一輪明月可以見證，這個山腳下的城市成為侵略者攻擊的目標。

95.「紅小鬼」探聽日軍情報

　　偵察，在中國的對日戰爭中發揮了作用。在中國八路軍中，大凡年齡小的戰士都叫「小鬼」。有一個年僅十八歲的小男孩，由於他大膽和出色地完成偵察任務，被提拔到八路軍冀魯邊軍區司令部參謀長陸成道將軍身邊做參謀。這張畫描繪了這個「紅小鬼」在進行一次偵察任務。那是1938年冬天，這個「紅小鬼潛至南京西郊，蹲在破牆的背後，觀察日軍軍官在地圖上部署下一場戰鬥。他的身體某個部位要是動一下，肯定就被發現。但是「小鬼」憑著高超的隱藏本領，完成了任務，潛回了自己的駐地。身上帶著的重要情報是寫在糯米紙上的，一旦被敵人發現，當時就可以吞入腹內。

96. 日軍向中國軍隊的碉堡進攻

1938 年 1 月 27 日，大元帥蔣介石命令上千的部隊，進入黃河南岸加固的防線工事，以阻止日軍切斷中國北方全境的企圖。防線上布滿了混凝土的碉堡。儘管在幾個星期前，中國軍隊炸毀了連雲港的碼頭，以阻止日軍行動，日軍仍然很快在連雲港登陸部隊，並沿鐵路向中國防線的碉堡進攻。圖片描繪了這些曾經被認為不可戰勝的工事，遭到了日軍進攻。扔進混凝土工事的手榴彈，給裏面的士兵造成很大傷亡。他們像鎖在籠子裏的老鼠一樣被打死，這些無用的工事很快就被放棄了。

97. 喬裝的游擊隊獵捕日軍

　　1938 年 2 月，中國抵抗力量對日軍展開了一種新的致命的戰術。一些經過特別訓練的游擊隊，在日軍後方展開了大規模行動，他們中的一些成員裝扮成普通的農婦或小販，配有手槍，刀和步槍，有時還有輕機槍。一個被俘的日軍報告說：他在一個山東的小鎮子裏，看到過有 3000 人之多的游擊隊。他說這些部隊的指揮員都很年輕，學生模樣。一支有 2 萬人的游擊隊在青島、濟南一帶騷擾日軍，殺死了許多日本人，延緩了日軍的侵略行動。圖片展示了一隊游擊隊藏在農舍，準備就緒後，開始攻擊路過的日軍的小股部隊。還有扮成小販的女人，在門口進行掩護。

98. 女子宣傳隊激勵中國人的愛國意志

在河南受訓的廣西女子營，有一個最重要的任務就是走訪各地的小村鎮，激勵人們反抗日本侵略者的情緒。1938 年春，數百名這樣的年輕婦女正式加入中國北方紅軍。她們都憑著聰明和愛國熱情被選中的。她們的工作是在各地民眾中，建立起新的民族主義精神。圖片展示這些雄辯的婦女，正在鄉親父老面前進行鼓動性的演講。她們的心中，充滿了對國家的熱愛！一些在臺下聽講的人向她好奇的追問著各種事情的原委。她身邊站著的另一個女子營成員是一名神槍手，在維持會場秩序方面也是很有用處的人。

99. 日本婦女學習如何射擊

　　中國的婦女學習戰鬥技能，為的是抵抗日軍的侵略。而日本的婦女也在日軍軍官的指導下，學習步槍射擊課程。圖片展示一群日本婦女在學習槍械術語，瞄準和各種射擊姿勢。畫面前方的年輕女子正在學習站立姿勢持槍。左邊的兩個女人正在學習蹲姿和臥姿射擊。在掌握理論知識後，她們可以參加實彈射擊，以測試她們的射擊技能。

100. 被圍困的日軍由飛機提供給養

1938 年 4 月 5 日，中國軍隊將 5000 名日軍圍困在臺兒莊的殘垣斷壁之中。日軍飛機不得不用降落傘給這些陷於困境的營隊運送食品、物資和彈藥。同時散發傳單，鼓勵他們的戰友堅持，等待青島方向趕來的援軍。許多空運物資被誤投在中國防線的後方，讓餓昏了的日軍萬分錯愕。當然，日軍部隊也接到了一定數量的空投物。值得提醒的是，在意大利入侵埃塞俄比亞的戰爭中，活牲畜也曾用降落傘投放給穿越沙漠的軍隊。美國陸軍也有在空中補給部隊的成功試驗。

101. 臺兒莊戰場顯露出可怖的景象

　　1938 年 4 月 8 日，臺兒莊戰場顯露出可怖的景象。許多死人已經被搬走，但還有無數的屍體陳屍荒野，其中還包括一些沒有逃離戰場的平民。坦克靜靜的停在城市的入口。中國人歡呼孫將軍率領下的 31 師，稱之為英雄之師。是他們把日軍從東門趕了出去。臺兒莊戰勝的報告中宣稱，捕獲日軍 30 輛坦克，900 挺機槍，1 萬支步槍，37 門大炮，日軍傷亡人數 1 萬 5 千。每走 50 碼，就能看到士兵用沙袋，門窗，家具，彈藥盒，床榻，甚至鐵鍋建起來的掩體。中國士兵們在忙著搜集日軍頭盔，作為戰利品。繳獲的日軍軍械均被記錄在冊。

102. 日軍軍官切腹自殺

　　所有的日軍軍官都發誓遵守古代日本武士的規則，在戰敗被俘前，實施切腹自殺。其方式，是將刀刺入左腹然後橫切到右側，故而稱為「切腹」，他們相信這裡保有魂靈。不過，武士階層在 871 年前已被廢除，在 1904 年的日俄戰爭中，被俘的日軍被遣送回家，並沒有因為沒有自殺而受到社會譴責。因此，恢復武士規則是相對較近的事情。圖片展示的是，1938 年春，在山東省南部的戰場上，戰敗的日軍軍官在被俘前，紛紛切腹自殺。

103. 公路要道的破壞給日軍帶來了災難

　　1938 年 4 月 11 日，嶧城的解放看上去已是必然的了。日軍的通訊線路被完全破壞，無法修復。游擊隊破壞了公路要道，大炮也無法運輸了，日軍已經放棄逃跑或救援的所有希望。在數百名苦力的協助下，這些非正規部隊將臺兒莊和諸城之間的大部分公路及橋樑都破壞了。日軍從濟南基地撤退到嶧城，倉促中組織防守，且將自己圍困在城牆裏，等待決定生死的戰鬥。圖片展示了日軍在撤退中遇到的險情。

104. 日軍航空母艦發動大空襲

中國軍隊奪取韓莊之後，把日軍向南推向徐州。日軍沿大運河後退了 20 英里。一系列的失敗，加上臺兒莊的慘敗，使日軍迫不及待的打響山東戰役，以決定整個侵略的成敗。日軍航空母艦停泊在山東沿岸，準備大型攻勢。航空母艦上的飛機反覆地飛往內陸，進行集中轟炸，以支持重新整編後的 50 萬日軍向前推進。1938 年 4 月，新的攻勢正式展開，臨沂是第一個攻擊目標。

105. 墳地裏的戰鬥

　　1938 年 3 月 24 日，仍然努力試圖控制戰略要地徐州的日軍，從天津向南行軍 375 英里，在一個遍布墳塋的鄉間，遭遇到中國軍隊的頑強抵抗。中國的傳統是把死人用土丘埋葬。這些墳頭為中國軍隊的防守提供了很好的掩護。他們小心翼翼的在墳頭背後移動，從各個部位對日軍實施進攻。這場血戰一直延伸到微山湖沿岸，向東直到曹莊、臺兒莊。儘管中國軍隊宣稱取得了勝利，日軍則堅持說，約三千中國軍隊在試圖穿過微山湖時被殲滅。

106. 中國游擊隊痛擊日本偵查兵

1938 年 4 月 6 日，據報導，數支中國游擊隊在上海城門附近對日軍展開了一場非正規戰鬥，試圖將那裡的日軍趕出去。當時有一千多名游擊隊員聚集在上海西南 15 英里處。一支日軍偵察部隊正在松江附近偵查，準備向總部報告。當他們到達目的地時，被埋伏在懸崖上的游擊隊殲滅。游擊隊看到日軍時，毫不手軟，把他們一直趕到懸崖腳下，使之沒了退路，然後趕盡殺絕、一個不留。在南邊一點的中國游擊隊，奪取了海鹽、海寧，並向乍浦進攻。

107. 鏟平漢奸的祖墳

　　在中國，祖墳是祭拜先祖的地方，比我們對墓園的尊重還要神聖的多。破壞祖墳，對中國人來說是一種很可怕的懲罰。1938 年 4 月 12 日，兩個廣東漢奸因為幫助南京日偽政府工作，而受到了這樣的懲罰。一大群愛國人士在廣州集會，當瞭解到他們鎮裏的兩個人在助紂為虐，幫助敵人，便群情激憤，一致同意刨掉他們的祖墳，鏟平他們的宗祠。這兩個人，一個叫溫昌耀（音譯），一個叫陳清濤（音譯），他們都是前南京日偽政府的官員。

108. 中國軍隊奪回孔夫子的故鄉

曲阜是東方的傳奇人物孔夫子生長和壽終的地方，一度被日軍佔領。在1938年4月13日，它又回到中國人的手中。日軍曾佔據這裡三個月之久。Confucius 是中國孔夫子的拉丁文名子，他是一位古代最完美的聖人，在2500年前，他生活在這個小鎮。他的墳墓歷經無數次戰爭和革命，依然很完好的保存下來，在日軍控制時期，也沒有受到騷擾。今天，這個小鎮幾乎所有居民都是孔家後裔。據稱他們有世界上最古老的家譜。圖中描述了日軍正在逃離曲阜。那個建築物是孔廟，九龍柱是中國建築的頂級作品。

109. 日軍在嶧城被打得落花流水

　　1938 年 4 月 16 日，中國軍隊動用大炮、轟炸機和地面部隊，對日軍據守的山東嶧城發動了決定性攻擊，希圖再現他們在臺兒莊取得的輝煌勝利。機槍從東、南、北三個方向攻擊日軍陣地，轟炸機在他們頭上狂轟濫炸。中國步兵對散佈在小鎮四周山丘上的日軍陣地進行了系統性的攻擊。中國軍隊指揮官聲稱，日軍所有的補給線都被掐斷，奪回這個小鎮已是必然。大多數的建築物都毀在火海之中。儘管如此，日軍一直堅持抵抗到 4 月 22 日，才突破中國陣線與從臨沂趕來的援軍會合。會合的日軍向臺兒莊推進，試圖奪回這個小鎮。

110. 日軍奪回臨沂

1938 年 4 月 20 日，日軍報告他們臺兒莊取得了第一場勝利，他們攻取了徐州東北 80 英里的臨沂。臨沂經過兩天的狂轟濫炸，城牆被炸毀，日軍爬上牆頭，從殘垣斷壁之上向下面的守軍攻擊。儘管，後來中國軍隊修復了城牆，軍旗依然在飄揚，但不久的戰鬥，還是日軍取勝並奪取了城市。這場勝利使日軍能夠把他們的防線向前推進，佔據更有利的位置。

111. 大饑荒中的中國農民

在上海和南京之間的廣大農村，大多數的農民逃離了戰火，致使許多農田荒蕪。中國軍隊實施的「焦土」政策，目的使前進的日軍無法在地裏找到糧食，但也導致了農民無法耕種而引起了大饑荒。春天，當農村的稻田應該發綠，農民應該施肥的時候，人們卻看不到任何希望。只要三美分就能養活一個中國人，但是戰區的農民連這點兒錢也沒有。圖片展示一隊可憐的農民，拖著虛弱的身體趕往上海，想到那裡去找吃的。飢餓的人身上背著他年老的父親蹣跚而行。而後邊的人倒在地上，就再也爬不起來了。

112. 日軍轟炸客輪進行報復

　　日軍在 1938 年 4 月的一系列失敗，導致他們要進行瘋狂的空襲報復。4 月 24 日，兩艘中國客輪在珠江三角洲遭到轟炸。當時，客輪是從英國租界香港、九龍去往葡萄牙租界的澳門，突然發現頭頂上有發動機的聲音。接著炸彈就掉下來，把一些乘客炸到水裏去了，客輪也燒了起來。附近的小船救起了一些乘客，但是，共有一百多人被炸死、淹死。轟炸機又進行了一番狂轟濫炸後，兩艘客輪就全都沉沒了。空中的偵察飛機發現，當時隴海鐵路地區所有道路，都擠滿了從徐州逃難出來的平民，他們擔心日軍向這個戰略要地繼續推進。

113. 在裕仁皇帝生日時的一場空戰

　　1938 年 4 月 29 日，為慶祝裕仁皇帝的 37 歲生日，18 架日軍轟炸機由 22 架戰鬥機掩護在漢陽和漢口上空，向中國空軍發起了一場最大的空戰。日軍機隊遇上了 70 架中國戰機，其中包括一些由俄國飛行員駕駛的新型蘇製戰機，和中國飛行員駕駛的英製角鬥士戰機。從下午 3 點起，雙方飛機在空中展開一場場的混戰，一些飛機機身和機翼冒著濃煙沖向地面。日軍飛機以完美的隊形從東北方向飛來，很快與從武漢三市（漢口、武昌、漢陽）北面的雲層裏，與衝出來的中國飛機遭遇。防空部隊用炮火也猛烈攻擊。據中國軍隊報導，他們擊落了 20 架敵機，有數百名平民在空襲中喪生。

114. 戰鬥局勢的變化反覆無常

1938 年 4 月 30 日，郯城的戰鬥場面，因為雙方援軍的到達而變化無常。早上郯城在日軍手裏，第二天便又落到中國軍隊的手中。到了晚上又被日軍奪回。這種反覆竟然發生在 12 個小時的戰鬥之中！中國的援軍率先趕到後，日軍的援軍也已趕到。戰鬥極其殘酷血腥，全靠肉搏戰來決定戰局。最後，中國軍隊還是丟了郯城，增派新的援軍，試圖第二天再把它奪回來，這場戰主要在馬頭鎮展開。

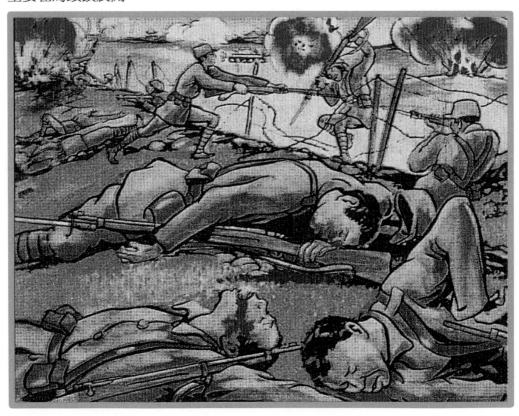

115. 中國軍隊在馬頭鎮大敗日軍

　　1938 年 5 月 5 日，受到鼓舞的中國軍隊繼續快速推進，奪取了郯城西北 4 英里的馬頭鎮。馬頭鎮的爭奪對中、日雙方都十分關鍵。在奪回馬頭鎮的戰鬥中，中國軍隊使用了剛剛得到的現代化裝備，得以迅速大敗日軍！接著，中國軍隊迅速推進到郯城，把它包圍起來。靠著這兩個戰略性的行動，中國軍隊信心倍增，相信能夠抵抗日軍在山東南方的攻勢。

116. 中國軍隊對清川古城進行強攻

　　1938 年 5 月 6 日，一支由山東地區軍事長官韓復榘親自指揮的部隊，攻取了日軍固守的清川（音譯）。清川是一個有百年歷史城堡，日軍頑強據守。中國軍隊用大炮在城牆上打開了幾個缺口，然後，步兵上好刺刀，開始衝鋒。他們渡過護城河，從城牆缺口中攻進城去！日軍被殺得片甲不留。一些日軍在據守的建築物內被活活燒死。這是中國軍隊的一次反擊，直搗日軍戰線的中心。

117. 英德火車站是地球上被轟炸次敵最多的地方

英德是廣州北面的一條鐵路邊上的重要站口，大多數用船運到中國南部的供給，都是通過這條鐵路運到中國內地。1938 年 5 月 7 日，日軍再次對這個小鎮實施轟炸。30 架轟炸機飛到火車站上空，炸毀了鐵軌、橋樑和倉庫。有 10 枚炸彈直接命中車站！這隊日機又飛到珠江上空，在那裡，他們又炸沉 10 艘帆船。日軍轟炸這個小鎮的次數，被稱為地球上被轟炸最多的地方，成了一片廢墟。中國的游擊隊在上海以北 60 英里的南通英勇奮戰，消滅了駐守在那裡的日軍。中國軍隊的報導稱，他們在山西省取得勝利，奪回了四座城市和關鍵的隘口。

118. 日軍攻擊廈門工事

　　中國軍隊認識到廈門小島上的港口的重要性，動員義工修建防禦工事。1938 年 5 月 10 日，日軍由炮艦和飛機支持向廈門進攻。中國的廣東軍隊被迫退到大陸。日軍轟炸機全天轟炸中國的陣地，隨後登陸的步兵激烈戰鬥了 36 小時，最終攻佔了這個 25 萬人口的城市。據報導，有數千人的傷亡！日軍宣稱，外國居民如果不嚴守中立，他們的財產將不受保護。英國和美國海軍指揮官對此深表擔憂。5 月 19 日，有 1 千 5 百名廈門維和部隊被日軍全數殲滅。

119. 中國軍隊的生命線被日軍掐斷

　　1938 年 5 月 14 日，日軍發言人宣布，他們在經過 5 個月的努力後，終於實現了佔領隴海線的目標。佔領隴海線的部隊炸毀了一座橋樑。結果，40 萬的中國軍隊被困在徐州一帶，要麼投降，要麼被消滅，別無其他選擇！這個通往中國腹地的鐵路運輸線一度曾被轟炸阻斷。這條鐵路也是該地區大量中國軍隊戰備物資的運輸線。

120. 中國轟炸機向日本投放傳單

　　1928 年 5 月 19 日，中國飛行員駕駛兩架大型美製轟炸機，飛行了 2 千 5
百英里，一直飛到日本上空，撒下勸勉日本民眾反對侵略中國的黃顏色的傳
單。這兩架打著綠色燈光的飛機，夜訪長崎和距它只有 40 英里的日本海軍基
地。這個基地使許多日軍運輸艦和戰艦從這裡啟程去中國。這是中國飛行員
飛過的最長的一次不間斷飛行！所撒傳單分為四種：分別是針對日本農民、
工人、外國機構工作人員和小商小販。這次飛行嚇壞了日本人。據說次日，
日本警察截留了裝有本套畫片的郵件。日本警察宣布這些圖卡是「反對日本
的宣傳品」。

121. 徐州淪陷

　　到 1938 年 5 月 20 日早上，中國徐州成為一片火海。一群群滿身泥濘的中國戰士仍然在作最後的抵抗。日軍的飛機、大炮、機槍對著殘破不堪的中國防線猛烈攻擊。每次進攻，中國軍隊就按一個早已沒人使用的古老陣形，聚成一個可憐的小隊撲上去。但很快就被日本坦克消滅掉，全體陣亡！城外圍邊的城牆下，傷者在死屍上爬行。僅此一役，就有 1 萬名中國軍人陣亡！

122. 被激怒的蔣介石命令中國部隊在拂曉進攻

阿道夫・希特勒命令所有在中國總部工作的德國參謀全部撤離（至少有 50 名德國軍人在蔣介石的總部，其中包括 Alexandre Von Faulkenhausen 將軍。據稱他們是臺兒莊大捷的主要責任人）。此舉激怒了蔣介石大元帥。他立刻命令他的嫡系部隊，在 1938 年 5 月 27 日拂曉，向徐州前線的日軍發動一系列進攻。這些進攻收復了隴海一線的三座城市和一些村莊蘭封、儀封和湯城（音譯）。大元帥的嫡系部隊在蘭封發動襲擊，攻破了城牆，大敗日本侵略者。

123. 浦東爆發霍亂

　　戰爭、饑荒和瘟疫總是緊密相隨的。當疾病在中國一些人口眾多的城市流傳時，人們多少有些預料。1938 年 5 月 27 日，上海的衛生當局公布浦東爆發了霍亂疫情。備受蹂躪的浦東工廠區，就在黃浦江公共租界的對面。當地人把死人就丟在大街上，生病的人就在地上痛苦的翻滾。佔領的日軍派了一支醫療部隊到該地區處置患者，並給其他人接種疫苗。公共租界內也加緊接種疫苗，以防疾病擴散。霍亂患者不會昏迷，他們不停的出冷汗，皮膚緊縮呈暗灰色，手腳痛苦的抽痙，口渴難耐。除了止疼之外，是沒有什麼藥可用的。

124. 中國軍隊圍捕「滿洲里的勞倫斯」未果

　　中國的機械化部隊和火力強勁的坦克部隊血戰攻取了蘭封，緩解了日軍對開封的壓力。日軍則必須奪取開封，才能進逼鄭州。1938 年 5 月 30 日，中國軍隊從南面攻進城中，基本上把土肥原的部隊包圍！土肥原以軍事領導及日軍主要政治操手聞名，贏得了「滿洲里勞倫斯」的美譽。他的戰敗，給中國軍隊帶來重大轉折。但是，1938 年 6 月 4 日，得到支持的日軍又重新殺來，再次扭轉了局勢。6 月 6 日，日軍攻佔開封，並向鄭州展開。日軍一旦攻取鄭州，將會進逼漢口。

125. 日軍不顧抗議轟炸廣州

　　日軍不顧外國人的強烈抗議，對中國南方的廣州每天轟炸。無助的市民擠在街上驚慌無措。1938 年 5 月 28 日，估計有五百人被炸死，一千人炸傷，整條街區被炸平！低飛在黃沙鐵路站的飛機，還用機槍掃射在廢墟中挖埋屍體的救援人員。他們有 40 人被打死，50 人受重傷。隨後，日機又轉向中央公園和市長辦公大樓附近的主城區，差一點炸中市醫院。義工們被召集起來，防止驚慌失措的人群湧入廣州的公共租界沙門。6 月 5 日，日軍轟炸機又向沙門扔了炸彈，引來各國領事館的抗議。

126. 日軍搭「人橋」讓部隊前進

　　1938 年 6 月 10 日，大雨導致洪水暴發，日軍仍然進逼到鄭州以東 10 英里的地方，鄭州的淪陷似乎已成定局。日軍的工程部隊不用搭浮橋的辦法來解決河水上漲帶來的困難。他們在防守部隊的猛烈炮火下，跳下水中，用肩膀把浮橋撐起來，讓其餘的隊伍通過！日軍的地面部隊從水上推進，空軍每天轟炸支持，就這樣，侵略軍一步步逼近隴海鐵路的要衝。與此同時，中國軍隊內部的不和也多次見於報端。因為蔣介石把他的嫡系部隊從徐州戰場撤離，李宗仁將軍威脅著說，也要撤出他自己的部隊。

127. 最後一碗米

　　人們都說，就算是美國的每個城市村莊都夷為平地，每家房屋都被毀壞，所有人都沒有飯吃，沒有房子住，那個景象也沒有今天的中國淒慘！面對這種情況，由上校 Theodore Roosevelt 任主席的「中國平民援助統一委員會（United Council for Civilian Relief in China）」在全美發起了「一碗米的聚會」。以這樣的形式，在 1938 年夏天募得捐款，救助了數百萬中國平民。他們是這場不宣而戰的無辜受害者。上海北面被摧毀的地區，正是處於這樣的一種巨大的痛苦場景。衣服、居所、食物、藥品都十分短缺。

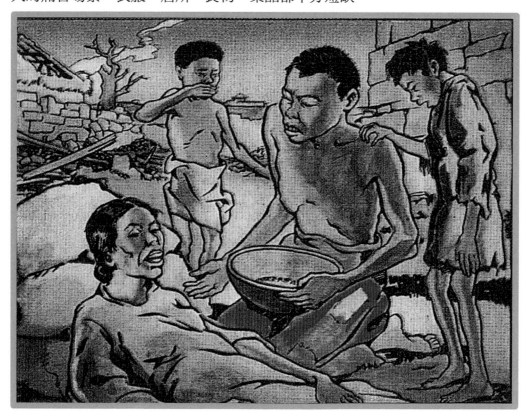

128. 日軍在向漢口推進中奪取宿松

　　1938 年 8 月 2 日，日軍宣布他們的敢死隊翻過城牆，攻佔了九江附近的宿松。進城之後，日軍用手榴彈和刺刀，消滅了剩下的中國軍隊。進攻漢口的戰役，此時也集中在九江。奪取宿松後，日軍指揮官宣布準備進攻附近的黃梅。中國軍隊從黃梅撤退，於是，日軍在長江北岸通往漢口道路就通暢無阻了。圖中描述的是離九江以南 10 英里的瑞昌所進行的激烈戰鬥。日軍敢死隊試圖攻破城牆上的防守，而中國守軍則從牆上撒下槍林彈雨。日軍的坦克也參加了戰鬥，試圖突破工事幫助進攻。

129. 在人們的歡呼聲中處決漢奸

　　如果說在這場中日戰爭中，中國有所收穫的話，那就是新的民族感情的興起。自從日軍侵略以來，愛國主義越來越成為人群意志的準則，對國家的忠誠在各個方面都受到尊重。漢奸被人們仇視，沸騰的人群歡呼對漢奸的立地處決。圖片描繪的是，國府槍決隊正在處決一群漢奸。他們在漢口附近收受日軍的黃金，被人舉報。槍決隊隊員僅用一粒子彈處決犯人，打準了，圍觀的人群便大聲歡呼。要是打偏了，人們就拿他開玩笑。

130. 中國軍隊釋放長江洪水阻止日軍

1938 年 8 月 4 日，數隊農民和中國正規軍在九江上游 30 英里處挖開河堤，造成大片農田被淹。中國軍隊領導人表示，洪水有效地阻止了日軍橫掃安徽省。使侵略軍不得不退回安慶，直到 10 月長江汛期結束。六月上旬，日軍正準備攻取鄭州時，亦被黃河的洪水擋住。

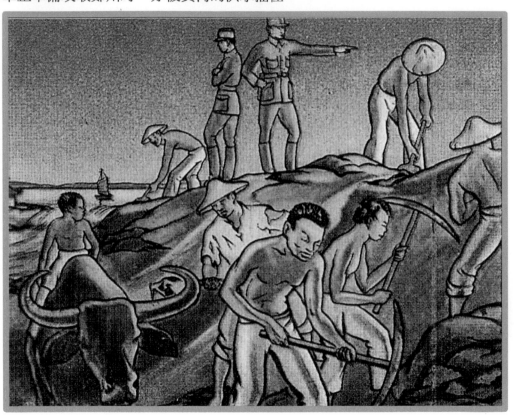

131. 中國飛行員用自殺式俯衝炸沉日艦

　　1938 年 8 月 8 日，從長江向漢口抵近的日軍戰艦，在城外 110 到 150 英里處遭遇一隊中國轟炸機隊的攻擊。日軍的 90 艘戰艦，被擊沉 3 艘，擊傷 4 艘。一個不怕死的飛行員把為殺敵的機會，看得比生命更加寶貴。當他發現自己的飛機著火後，就帶著機艙的炸彈沖向敵艦甲板，用生命把它炸沉！中國軍隊的官員特別驕傲自豪的表彰這位為國犧牲的飛行員，稱其為「又一個中國飛行員英雄地犧牲自己的生命，給日軍帶來沉重打擊」。

132. 死亡在雨中的兒童

1938 年 8 月 8 日和 9 日，可怕的廣州轟炸又開始了。數千名居民已經習慣在轟炸中躲藏起來。男的、女的、小孩子們在轟炸時，都躲到天主教教堂裏避難。而這次，日機把教堂炸成了碎片！炸碎的屍體遍布街頭。主教 Antoine Fourquete 是一位在廣州服侍 43 年的老教父，在空襲過後，他走過血淋淋的院子時，看見受難者中有許多的小孩子的屍體。幸存者什麼也做不了，只能坐在那裡流淚不止，正如圖片中的那個痛苦的母親在哀痛被炸死的兒子。父親坐在那裡沉默不語，悲痛的流不出眼淚。

133. 日機轟炸漢口，中國人紛紛逃亡

　　由於日軍的逼近，7 月下旬，漢口當局通告人民迅速撤離這個城市，但是直到 1938 年 8 月中旬，日軍的進展不大。地面進攻停滯不前，日軍便要進行空襲，導致城中居民的大逃亡。許多平民用小車推著家居用品逃離，還有多人用獨輪車，或肩扛手提的方式，匆匆離去。8 月 12 日，一百架日軍戰機對這個城市進行了開戰以來最大的轟炸。近四百個平民被炸死、炸傷，超過 3 百處民宅被炸毀。日軍報導，這次空襲是「百分之百的有效」，連大元帥總部都被炸毀。

134. 租界警察和中國人因為旗幟對打

1938 年 8 月 11 日，一隊在上海國際租界集中營的中國犯人，升起了一面國民黨旗幟，紀念 1937 年 8 月 12 日在上海的中日戰鬥一週年（據報導，中國人被允許在 8 月 12 日升旗，但是他們堅持要 11 日升旗）。7 個俄國公共租界的警察命令犯人把旗幟降下來，但是遭到拒絕。於是，警察試圖強行降旗，導致雙方衝突。衝突中，彼此用棍子、石頭、拳頭、警棍對打。

135. 日軍飛機擊落美國飛行員

　　從香港經廣西梧州到武昌的航班，是有美國飛行員 Hugh L. Woods 飛行的。1938 年 8 月 24 日，當他載著 17 名乘客，包括幾名婦女、一個男童子軍和一個嬰兒，日軍戰機在廣州西南空中向他們攻擊。Woods 迫降在澳門北面的一條小河中。這個地區是在廣東省，遍布大小河流。飛機迫降後，日軍戰機繼續用機槍掃射，直到飛機沉沒。17 名乘客，僅有三名活了下來。其他的不是淹死就是被機槍打死。飛機屬於中國國家航空公司，美國泛美航空公司在其中有很大股份。美國政府就此向日本提出強烈抗議。

136. 日軍戰機掃射落水的飛行員

　　中國國家航空公司的飛機迫降後，日軍戰機繼續用機槍掃射，直到飛機沉沒。飛行員 Woods 向岸邊游去的時候，他們又開始向他掃射。這是美國國務卿 Hull 1938 年 8 月 25 日發給日本的信件中所說的。信件對日軍攻擊中美飛機表示強烈反對。當初，日軍對擊沉在中國水域的 Panay 艦，曾表示抱歉並願意做出賠償。然而這次的抗議被以多種藉口拒絕。另有兩架德國客機，亦在 9 月初被擊沉。

137. 中國軍隊抗議日軍使用毒氣

　　自從日軍說中國軍隊在南京保衛戰中使用了毒氣之後，再也沒有雙方使用毒氣的跡象，直到 1938 年 8 月 25 日，中國指責日軍使用了毒氣，造成十分嚴重的局面。中國駐英大使郭泰祺在給英國外交部的信件中稱，日軍在 8 月 22 日星期一的戰鬥中，為了對抗中國軍隊在江西的反擊而使用了毒氣。使兩個營的部隊全部陣亡，只有四人逃生。「使用如此殘酷的戰鬥手段，是違反了日本也簽署的國際條約」，日軍回應稱，中國將領嚴世昌（音譯）在山西省的戰鬥中，於 1938 年 7 月 16 日和 8 月 26 日，使用了毒氣。

138. 日軍佔領下的南京

　　日軍侵略前，南京人口約為一百萬。而今，包括最底層的中國人、學生、學者、官員總共不過 25 萬。而城中的日本陸軍和海軍倒有很多。橫穿南京的中山公路充斥著飛駛的日軍卡車，上面載著士兵和給養運往各地。卡車司機肆無忌憚的開動，行人走到路上隨時有生命危險，諸如圖片所示。雖然食物充足，其他各樣日用品都很缺乏。沒有電話，沒有路燈，供水每天晚上中斷。似乎也沒有垃圾和污水處理。死人倒在地上沒有人理。任何人，包括外國人，沒有日本軍警陪同，是不得進出城門。

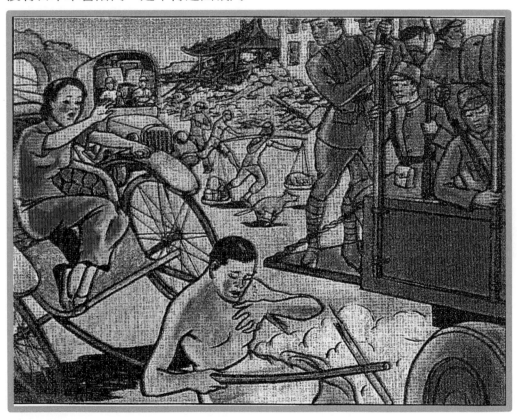

後　記

　　在編完本書之後，筆者想向讀者鄭重地介紹一下我的朋友，美國收藏家 Dennis Owyang 歐陽兆堂先生，不僅因為他為本書提供了許多珍貴的圖片，而且他對本書的編輯也提出了許多寶貴的建議。

　　歐陽兆堂先生是一位嚴肅認真的美國學者，曾供職於美國防部，擔任翻譯工作。他的中文、日文水平都很高，對東方文化懷有一種不離不棄的深厚情愫。他的業餘愛好就是收藏畫卡，尤其側重於中國煙畫的收藏和研究。為此，他經常奔波於英國、日本、中國大陸和香港等地進行收集，目前已有數萬枚餘枚，稱得上是海外「東方畫卡」收藏的第一人。

　　他的收藏經過是這樣的。七十年代末，他在舊金山州立大學讀書時，已經是一個初具規模的畫卡收藏家了。他收藏的都是美國和歐洲發行的畫卡。當時有一位同學對他說，臺灣的《漢聲雜誌》上有一篇介紹中國煙畫的文章，很有意思。常言說「談者無心，聽者有意」。歐陽先生就千方百計地想辦法找到了這篇文章。作者以充滿懷舊的感情，詳細地介紹了中國出版的各種香煙畫片，說這些煙畫不僅印製得十分華美，內容也博大精深，無所不包。如是，畫片中的《三國》、《水滸》、《紅樓夢》等故事便開始不厭其煩地撞擊他的心靈。從此，他就產生了搜集中國煙畫的衝動。

　　他從 1980 年開始起步，先是在紐約格林威治村的一家中國禮品店裏，收集到了第一批、三十多枚中國煙畫。當時，他在國防部作翻譯工作，認識了一位名叫 Christ Benjamin 的朋友，也是一位畫片收藏家，二人經常來往，一起討論煙畫的事兒。Benjamin 先生喜歡研究美國畫片，他主編了一套畫片目

錄，編得非常好，後來，成了畫卡收藏者必備的參考書。這件事，對歐陽先生的啟發非常大，他希望自己將來也能做出同樣的事情來。

真是天隨人願，有一天，他從一張報紙的分類廣告上得知，有一位剛畢業的美國大學生他要出讓他從泰國的一位大收藏家手裏賣過來的中國煙畫，歐陽先生興奮異常，馬上買了一張機票，直接飛到了芝加哥，與這位大學生當面商洽。與此同時，竟然還有一位臺灣的外交官與他競爭。但因為這位外交官出言傲慢，而歐陽先生以謙遜有禮而迎得了這位賣家的歡心，使其認定，他才是一個「最值得接手藏品的人」，遂決定把全部收藏轉讓給他。而那位臺灣的外交官只得鎩羽而回了。

為了籌錢去購賣更多的中國煙畫，歐陽先生做出了很多的犧牲，先後把他收藏的全部的美國棒球畫片、日本棒球畫片和飛雲動畫片統統賣掉，並且把自己的全部積蓄都投入到這項開銷之中。他經常往來於英國、日本、香港、中國，廣交朋友，上下求索，收穫日豐。歐陽先生專注研究中國煙畫的赤誠之心，感動了很多收藏家，英國收藏家 Wharton-Tigar 先生過世前便立下了遺囑，死後把他珍藏的一盒子中、日煙畫都傳給了歐陽。

歐陽先生也不負先賢們的厚望，將所有的業餘時間，均傾心於煙畫的研究之中。有一個時期，他差不多每天都泡在美國的幾家大圖書館裏，認真地查閱舊中國報紙、縮微照片和有關的參考書籍，花了很多錢，複印了所有能找到的有關中國香煙公司、香煙廣告的文章、圖片，做為自己深入研究中國煙畫的資料。

他說：「許多人都知道，美國及英國發行了大量、成套的畫卡，其中有很多認真嚴謹的收藏家。大部分的成套畫卡都被他們好好的研究、歸類、珍惜保存，交換流通。但是在中國，卻是很少有人知道，舊中國發行畫卡的數量竟是英、美兩國的總合。事實上，二次大戰以前，全世界生產畫卡的煙商，約有半數是在中國的公司。可悲的是，大部分的中國畫卡至今都未得到應有的重視，而被毀壞、遺棄，再也無法重現天日了。」

1994 年，歐陽兆堂先生加入了世界上最權威的「大布列顛畫片協會」，並成為東方畫卡研究部東方部首席研究員。在他的周圍聚集著一群資深的收藏家，他們在近年來連續編纂了十餘冊《中國煙畫目錄圖存》和多篇與中國煙畫有關的論文。這些成果頗受海外畫卡收藏界和東方民俗學研究人士的重視。時至今日，他已收藏了超過三萬張的中國香煙卡，以及三萬多張其他類型的

中國畫卡。

　　當他知道筆者正在編纂本書的時候，歐陽兆堂先生馬上伸出了熱情的手，建議我在編輯時，也要把這抗戰時期外國出版的同類畫卡編入書中。並且，無私地向我贈送了一部分美國 Gum，Inc.公司在 1938 年出品的「Horrors of War」（中譯名《殘酷的戰爭》）畫卡。這組畫片前圖後文，是站在第三者的角度、客觀的、真實的、不帶任何偏見的、描述了上個世紀三十年代世界各地所發生的戰爭。其中，描述日本軍國主義侵華的內容，自「盧溝橋事變」始，到「南京陷落」、「臺兒莊大戰」、「晉察冀秋季反圍攻戰役」為止，這這一階段中國發生的一系列事件，內容幾乎佔了全套畫片的一半。足以證明了，這一不義戰爭所引起的世界震驚。畫家以無比沉重的筆墨描繪出戰爭的殘酷，和人民所遭受的苦難。背面的文字則是根據當時的新聞報導，有時間、有地點、有人物地一一記述。作為重要的史料，筆者擇其有關的部分編入書中，以為圖證。

　　「讀畫如讀史」，是近代學術界從美術研究方面提出的一個重要的觀點。竊以為用於民俗學、歷史學的研究也十分科學準確的。這也是筆者編纂此書的初衷之一。

　　歐陽兆堂先生說：「我經常到中國、日本、香港各地，看到中國的收藏市場很活躍，但是現在似乎已經完全失去了文化氣息，而變成了爾虞我詐的商品市場。幾乎所有的收藏品都變成了投資品，煙畫也不例外。要以合理價格去收藏精美畫卡是不太可能的事了，對此我非常感慨。這種情形與歐美收藏家的心態是截然不同的。歐美人士對畫卡的珍惜與研究，並不是放在『利』字上面，而是把它看成文化遺產的一部分，這是收藏中國畫卡時應當借鑒的。我特別期望在華人世界裏，將這些過去發行過的畫卡好好地流傳下去，成為後人欣賞與珍惜的文化資產。」

　　　　　　　　作者　李德生　寫於 2021 年疫中的溫哥華中秋之夜